プロのための
スキンケアアドバイスの基本

岡部 美代治 著

フレグランスジャーナル社

発刊にあたって

　エステティシャンや化粧品販売者として美容の仕事をすることは、人がきれいになるためのサポートをすることで、自らも美しく磨かれ、その繰り返しが仕事の喜びとなるものと思っています。そしてそのような方々が先輩にはたくさんおられます。優れた先達の話を聴き、手技を学び取ることは有意義なことですし、確実に美容に関する知識も技術も高まるものです。

　しかし、もう一方で大事なのは、この仕事を始めるために基礎となる知識と、知識の組み立てを考える、いわゆる論理的な思考方法です。それなくしては、せっかく得た知識や技術もバラバラとなり、時には矛盾も起こり、どこかで行き詰まるものです。その時に停滞とあきらめが起こることで、向上意欲も失われる危険性もあります。

　そこで本書は、美容の仕事を始めた方を対象に、美容の基本となる知識と論理的な思考方法を整理しまとめたものです。もちろん習熟された方でも、もう一度基本の基本に立ち戻ってみることも良いことだと思います。また、美容情報の整理にも役立つものと考えています。

　美容の主な対象である肌をよく知ることは基本の基本です。そのことを踏まえ、肌を知り、肌を生かすことを知ることについて学ぶ工程表のつもりで作りましたので、テキストとして、できる限り順を追って確かめながら読み進めていただけると幸いです。

　最後に、本書の発刊に当たり、編集・校正のうえで大変お世話になったフレグランスジャーナル社出版部の戸田由紀氏、発刊の機会を与えていただき助言を下さった代表取締役の茂利文夫氏に感謝申し上げます。

2011年1月

岡部　美代治

目次

発刊にあたって……………………………………………………………………… iii
エステティシャン、化粧品販売者としての心構え…………………………… vii

第1章　肌と化粧品……………………………………………… 9

1. 肌の基本構造と役割　10

1-1. 肌の基本構造 ……………………………………………………… 11
1-2. 肌の役割 …………………………………………………………… 20
1-3. 美しい肌の条件 …………………………………………………… 22
1-4. 肌の恒常性（ホメオスタシス）………………………………… 24

2. 化粧品とは　26

2-1. 化粧品の役割 ……………………………………………………… 27
2-2. 化粧品の肌への働き ……………………………………………… 32

　　1. 保湿…34　2. エモリエント（柔軟）…37　3. 美白…38　4. 保護（肌荒れ防止）…41　5. 洗浄…42　6. 収斂…43　7. 紫外線防御…44　8. その他の生理活性…46　9. メイクアップ…47　10. 香り、デオドラント…48　11. ヘアケア（ヘアトリートメント）…50　12. ボディケア（ボディトリートメント）…51

2-3. 化粧品の原料 ……………………………………………………… 52

　　1. 保湿成分…54　2. エモリエント成分…56　3. 美白成分…58　4. 肌荒れ改善成分…59　5. 生理活性成分…60　6. 紫外線防御成分…61　7. 収斂成分…62　8. 角層柔軟成分…63　9. 乳化成分…64　10. 洗浄成分…66　11. 安定化成分…67　12. 防腐・殺菌成分…68　13. 着色成分…69　14. 溶媒成分…70　15. その他の基剤成分…71　16. その他の添加成分…72

2-4. 化粧品の処方 …………………………………………………… 74
　　2-5. 化粧品の使用方法 ………………………………………………… 78
　　2-6. 化粧品の保管方法 ………………………………………………… 80
　　2-7. 化粧品の安全性 …………………………………………………… 82

　　　　1. 化粧品による危害とは…82　2. 安全性の歴史的な変遷、法律など…84
　　　　3. 肌に合い、安全な化粧品の選び方…85

3. 化粧品と法律　86

第2章　肌質について ……………………………………… 89

1. 肌タイプの基本（代表的な肌タイプ分類とスキンケアアドバイス）91

　　1-1. 皮脂分泌をベースとする肌タイプ ……………………………… 92
　　　　1. 乾性肌（ドライスキン）…94　2. 普通肌（ノーマルスキン）…96
　　　　3. 脂性肌（オイリースキン）…98　4. 混合肌（ミックススキン）…100

　　1-2. その他の肌特性・肌のトラブル ………………………………… 102
　　　　1. 敏感肌…102　2. スキンケア方法の間違いで起こる皮膚トラブル…104
　　　　3. アトピー性皮膚炎・アレルギー性皮膚炎…104　4. 日焼けしやすさ…105

　　1-3. 肌悩み別スキンケア方法 ………………………………………… 106
　　　　1. シミ…106　2. ソバカス…107　3. 小じわ…107　4. たるみ…108　5. 肌荒れ…108
　　　　6. ニキビ…109　7. くすみ…109

　　1-4. 肌タイプにまつわるエピソード ………………………………… 111
　　　　1. インナードライについて…111　2. 生理周期…112　3. 季節と肌タイプ…113

2. 肌タイプの見分け方　114

　　2-1. 肌タイプチェックシート(チャート) …………………………… 115
　　　　1. チェックシートのポイント…115　2. チェックシートを活用する管理方法…115
　　　　3. 肌タイプの具体的な見分け方…116

2-2. 肌測定機器と活用のポイント ……………………………………… 118
　　1. 油分計…119　2. 水分計…120　3. マクロビューワー（拡大画像装置）…120
　　4. 総合肌測定機器…122

第3章　美しい肌とは ……………………………………… 125

1. 化粧品が美しい肌をつくり、維持することとは ……………… 127
2. 肌と体と脳 ……………………………………………………… 128
3. 魅力的な肌、理想的な肌のイメージ、状態 …………………… 129
4. 肌欠点をどう考えるか？ ……………………………………… 130

第4章　美容アドバイスの心構え ……………………………… 131

1. 美容カウンセリングと心理カウンセリングとの相違性 ……… 132
2. ヒヤリングのポイント ………………………………………… 133
3. 生きるアドバイスは経時変化を捉えること …………………… 134
4. 自分の体験、知っている体験情報を整理し、使う ……………… 135
5. 化粧と美容のわかりやすい例え話集 …………………………… 136
6. 最新の美容情報とつきあう方法 ………………………………… 137
7. 情報判断力の鍛え方 …………………………………………… 138

Index ……………………………………………………………… 140

エステティシャン、化粧品販売者としての心構え

エステティックの定義について

総務省「日本標準産業分類」の定義

手技又は化粧品・機器等を用いて、人の皮膚を美化し、体型を整えるなどの指導又は施術を行う事業所をいう（エステティック業）

特定商取引に関する法律の定義

人の皮膚を清潔にし若しくは美化し、体型を整え、又は体重を減じるための施術を行うこと

日本エステティック振興協議会の定義

エステティックとは、一人ひとりの異なる肌、身体、心の特徴や状態を踏まえながら、手技、化粧品、栄養補助食品および、機器、用具、等を用いて、人の心に満足と心地良さと安らぎを与えるとともに、肌や身体を健康的で美しい状態に保護、保持する行為をいう

以上の定義がそれぞれにされているのですが、施術の主な対象部位は皮膚であり、皮膚はもちろんのこと体型や心への働きかけも行うことになります。施術は化粧品、手技、機器で行い、その他に栄養補助食品を用いることもあるということです。またカウンセリングにより皮膚、身体、心の特徴や状態を把握して適切なアドバイスを行うことも重要なことです。

これらの定義を考え、エステティシャンおよび化粧品販売者がもつべき基本として、肌と化粧品の基礎知識と応用に必要な知識や考え方について本テキストで解説していきます。

❦ エステティシャン、化粧品販売者としての心構え

　エステティシャンおよび化粧品販売者は美容カウンセリング、メイクアップや施術の技術などを通して、お客様の健康で美しくなりたいという要望をかなえることが仕事です。その仕事を通じて喜びを感じるためには、どうしても押さえておきたい心構えがあります。

　それはお客様の美容に関する希望をかなえるために、お客様の心、身体、そして肌の状況をしっかり聴き取ることです。できれば数か月くらいの経時変化も含めて聴き取ることです。希望をかなえるために理解して欲しい事柄をお客様にとってわかりやすく、順序立てて説明することです。後はキメ細かく疑問や不安に対して答えることができれば、お客様の満足につながるものなのです。

　この一連のプロセスのために必要な基本的知識と思考方法をぜひ本書から学び、使いこなしていくことをおすすめします。知識は固定した概念ではなく、あくまでも状況によって柔軟に考えていくことが重要です。これが本書の使いこなすコツだと思っています。

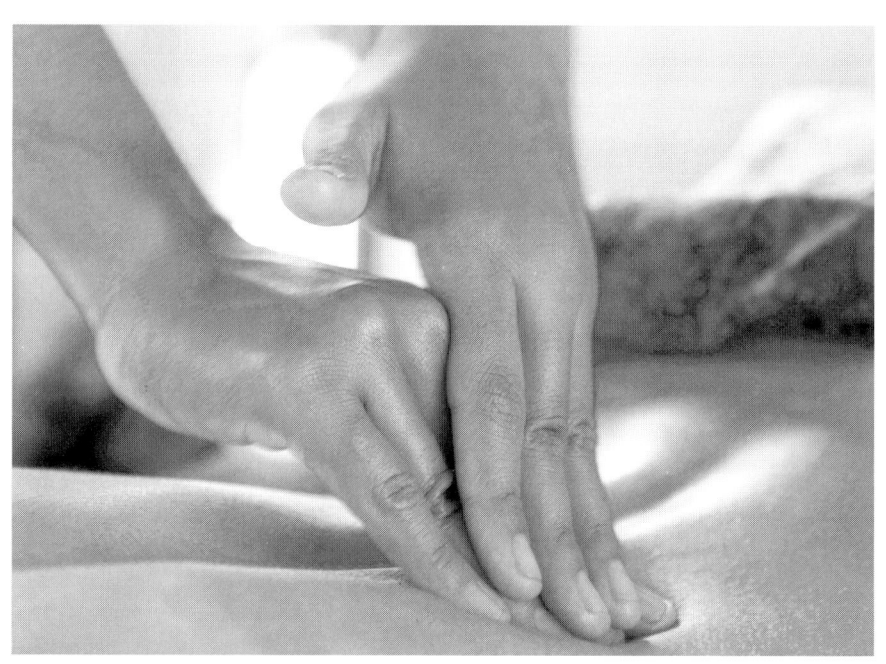

第1章
肌と化粧品

「肌と化粧品を知り、その関係も知ることが重要な第一歩です」

　化粧品は肌に対して使うものです。また施術も肌に対して行うことが多いものです。だからこそ肌のことを正確に知ることが重要なのです。そして化粧品や施術は肌にどのように働くものなのかを正確に知ることです。

　肌の基本的な知識と言っても、肌は生きています。だから肌は時間とともに変化しますし、体の部位によっても違います。また一人一人の個人差もあるものです。基本知識を基に柔軟に考えることも重要なのです。

　しかし世の中には肌や化粧品について雑多な情報が流れており、最初に出会った情報に捕らわれて正しい情報に更新されない状態の人も多いのです。そこで本章では、化粧品の研究の場で皮膚科学から製品研究まで担当し、マーケティング部門で製品開発や製品教育を担当した経験から、著者が得た美容情報伝達の視点により肌と化粧品の関係について解説していきます。

1. 肌の基本構造と役割

　体の表面を覆っている肌は、部位によって違う構造をしていますが、基本構造は同じなのです。基本構造を正しく理解しておけば、体の各部位の皮膚構造と性質を理解することもスムーズになります。

　美容を意識して肌の働きを考えてみると、生物学的な働きと社会文化的な働きに分けるとわかりやすいと思われます。

　生物学的な働きとして最も重要なものとして保護機能があり、その中には乾燥や紫外線から肌を守る働き、有害な化学物質の侵入を防ぐ働き、さまざまな衝撃から防ぐ働きなど健康な生命活動にとって重要な働きをしています。その他、体温調節機能、分泌機能、吸収機能、センサー機能があります。

　一方、社会文化的な働きは、人類が文化を発展させる中でコミュニケーションを維持するために重要となってきた表現機能があります。健康状態や喜怒哀楽を肌で表現し、個性を魅力的に表現する部位としての肌は美容にとって主舞台となっています。特に顔面は眉、目、鼻、口という部分や多くの表情筋によって喜怒哀楽という感情表現をしているところです。美容が、顔を中心として発達してきたのもそのような役割があったからなのです。つまり美容においては肌の表現機能がとても重要なのです。

　化粧品はこれら6つの肌機能に働きかけ、健康で魅力的な状態を作り、維持する働きを持っています。中でも関係が深いのは保護機能と表現機能です。化粧品の保湿機能や紫外線防御機能は肌の保護機能の代表的なものです。また肌を健康に保つ働きや清潔に保つ働き、メイクアップなどによる魅力を高める働きは、肌の表現機能に大きく関わっているのです。

　肌の基本構造、肌の役割、化粧品の基本知識と働きを正しく理解し、それぞれが密接に関係していることを理解することで、わかりやすく役立つスキンケアアドバイスへとつながるのです。

1-1. 肌の基本構造

　肌の基本構造は表皮と真皮という2枚の性質の違うシート状の組織が貼り合わさってできています。ちょうど衣服でいう表地と裏地の関係によく似ています。つまり表皮が表地で外界の刺激から守っており、真皮が裏地で表皮を支え、弾力・ハリを与えていると考えるといいでしょう。もちろん、役割はそれだけではありませんが、このように大きく構造と役割を理解することが基本知識としては大事なことです。

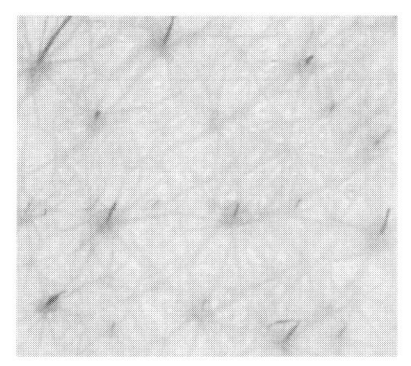
肌表面の拡大写真

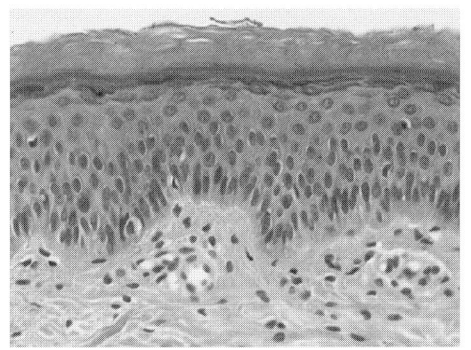
肌断面の顕微鏡写真

図 1.1　肌表面と肌の断面

その他の構造としては真皮の下には皮下脂肪のある皮下組織があり、特殊化した角質からなる付属器官や皮脂腺や汗腺などの分泌腺があります。

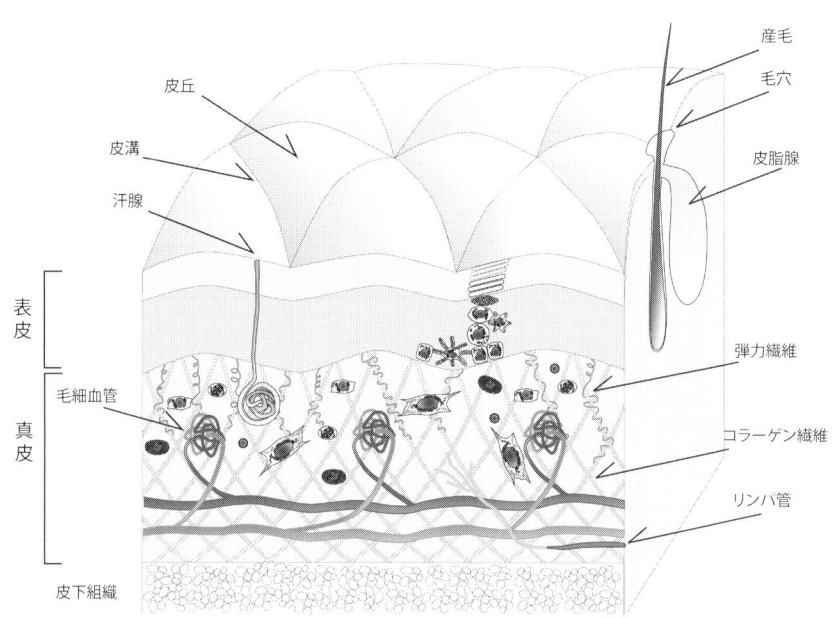

図1.2　皮膚の基本構造のモデル図

1. 表皮の仕組み

体の一番表面にある表皮は絶えず生まれ変わっており、いつも表面には新鮮で丈夫なシート状の角層細胞が覆っています。古くて剥がれ落ちた角層細胞は、いわゆる垢として洗顔やシャワーで洗い流されているのです。表皮の最下層は基底層と言い、必要に応じて細胞分裂をする基底細胞の層です。基底細胞は真皮と表皮の境界をなす基底膜に接しています。細胞分裂をして基底膜から離れた基底細胞は表面に向かって有棘細胞、顆粒細胞と変化し最後にはシート状の角層細胞へと変化していきます。このことを生物学的には角層細胞への分化と言いますが、一般的には表皮のターンオーバーや角層代謝と呼ばれています。

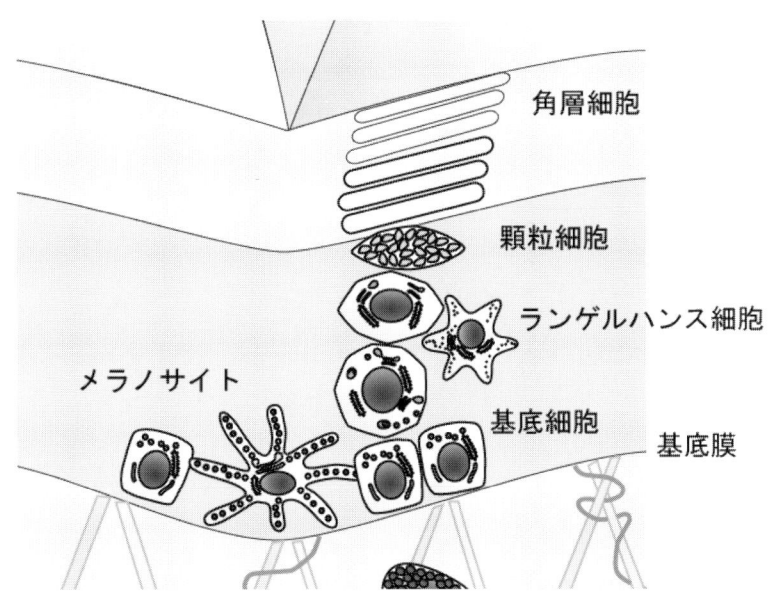

図1.3 表皮の構造図

表皮の構造と構成している細胞。表面から
　角層：角層細胞
顆粒層：顆粒細胞
有棘層：有棘細胞、ランゲルハンス細胞
基底層：基底細胞、メラノサイト

CHECK!

表皮のターンオーバーの日数

一般的には28日か6週間と言われています。実際は個人差も体の部位差もあり4〜8週間程度の幅のある日数なのです。

　表皮細胞はお互いに細胞膜をデスモソームという接着構造で結合し、角層も単に重なっているのではなく、細胞膜はお互いに入り組んで所々にデスモソームで接着しています。表面に出た角層細胞は、ある程度肌を守ったらタンパク分解酵素によって接着構造を分解し、剥離して新しい角層細胞と入れ換わります。

2. 真皮の仕組み

　真皮は線維状タンパク質であるコラーゲンの線維束がネット構造を作りスポンジのような構造になっています。線維束を要所で締めているのがエラスチンというタンパク質でできた弾力線維です。スポンジ構造の隙間には水分をたっぷり抱えたヒアルロン酸液で満たされているのです。これらの構造を作っているのは線維芽細胞です。

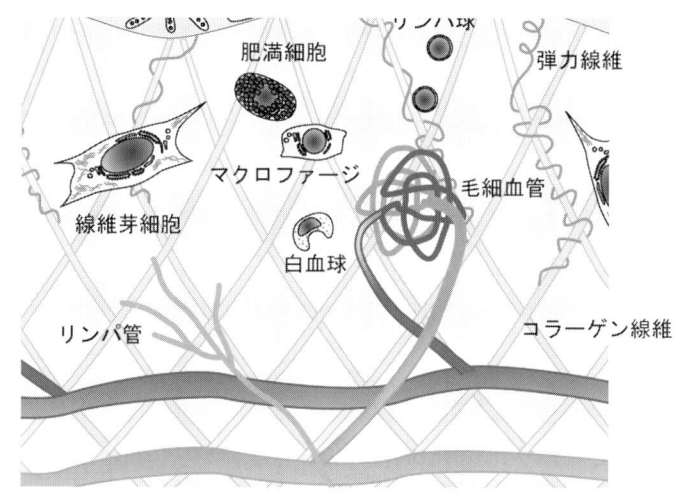

図1.4　真皮の構造図

真皮の構造を保っている成分

　その他、真皮には血管が通っています。真皮の上部では血管は毛細血管となって皮膚組織に酸素と栄養を補給しています。その一方、皮膚組織で発生した二酸化炭素や老廃物は毛細血管に吸収されています。

　また真皮組織内には体を守るための免疫システムもあります。免疫システムを構成している細胞を免疫細胞と言いますが、リンパ球、肥満細胞（マストセル）、マクロファージ、白血球、それから表皮にもランゲルハンス細胞があります。血液中には白血球やリンパ球も含まれています。リンパ球は毛細血管から皮膚組織に入り、その後でリンパ管に吸収された後に再

び血管に合流します。

免疫細胞の種類と働き

- **リンパ球** 白血球の一種で血液中や組織中を移動し、抗体である免疫グロブリンを作りウイルスなどあらゆる異物を攻撃して排除します。
- **肥満細胞** 組織中を移動し、細胞表面に多種類の抗体を付けて抗原がくっつくと破裂して、細胞内からヒスタミンなどの炎症反応を起こす成分を放出します。
- **マクロファージ** 組織内の掃除屋さんとも言える細胞で、不要になった細胞や病原菌などを食べて処理します。
- **白血球** リンパ球以外に4種類存在し、中でも多いのは好中球で細菌や有害微生物を攻撃して排除します。
- **ランゲルハンス細胞** 表皮内に存在する樹枝状の突起をもつ細胞で、抗原を取り込み他の免疫細胞に伝達します。

> **CHECK!**
>
> **抗原と抗体**
>
> 抗原とは細菌やウイルスなどの体に有害なタンパク質です。抗体は特定の抗原と結合し免疫反応を起こす物質です。特にアレルギー反応を起こす抗原をアレルゲンと呼びます。

第1章 肌と化粧品

3. 皮下脂肪、毛、皮脂腺、汗腺

　皮膚の基本構造と言えば表皮と真皮ですが、皮膚の機能を果たすために、皮下脂肪に満ちた組織が真皮の下にあり、クッションや体温の保持に役立っています。この部分を皮下組織とも呼んでいましたが、組織構造的に境界は不明瞭です。厚さも部位により違っており栄養状態や運動の量や質によっても違ってきます。

　皮膚には毛や皮脂腺、汗腺もあって常に健康な皮膚状態を維持するために機能しています。これらの器官を皮膚付属器官と呼んでいます。

毛

　皮膚の角層が特殊化した組織で体の部位によって形状と役割が違います。頭部には毛髪が生えていますが、脳を外部からの衝撃や紫外線から守るためにあると考えられています。顔をはじめ体毛が生えていますが、おそらく獣毛であったものが退化したと考えられています。現代人における体毛の役割は外見的な効用があるのかも知れませんが、ヒゲやムダ毛処理のあり方は、文化と流行に左右されているようです。体毛の濃さは遺伝の影響も大きいと考えられます。顔にはその他、眉、睫（まつげ）、男性にはヒゲなどがあります。頭部や顔にある毛は美容上、かなりの意味合いを持ち、形を整えたり、カラーリングしたり、魅力的に演出するためのケアは重要なのです。

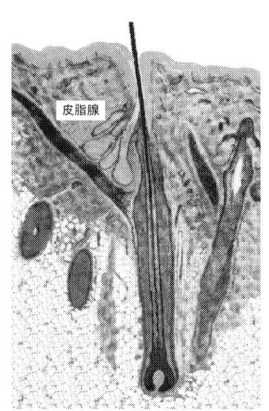

図1.5　毛髪と皮脂腺の皮膚組織　顕微鏡写真

皮脂腺

皮脂腺は毛穴に開いている分泌腺で皮脂を分泌しており、本来は毛の保護目的であったと考えられます。顔など産毛化した部位での皮脂腺は、肌の表面を保護し、自然なツヤを与える働きをしています。皮脂腺は第二次性徴である思春期に性ホルモンの増加と共に発達してきます。皮脂腺の活動が活発になり過ぎると、毛穴に皮脂や汚れがたまることが原因でニキビができます。また皮脂腺は顔では額、鼻とその周囲、そして顎の部位で発達する傾向があります。それは成長に伴い、特定部位の皮膚に定められた遺伝子によるプログラムなのです。

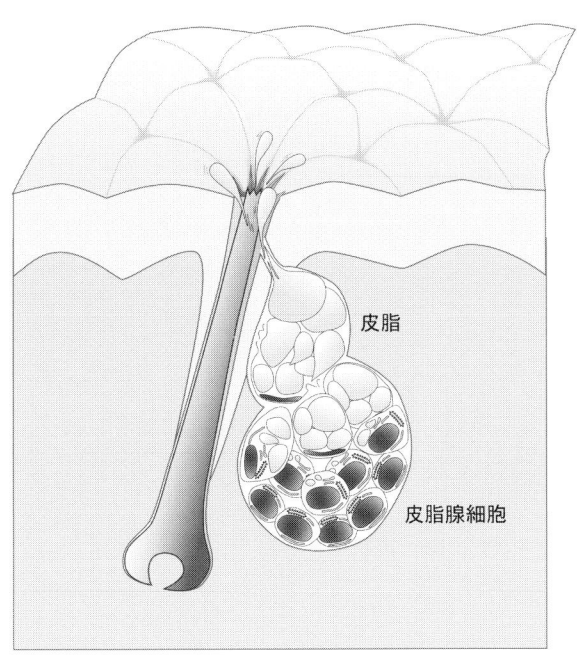

図 1.6　皮脂腺の組織図

汗腺

　汗腺は体の各所に開いている分泌腺で汗を分泌し、汗の大部分を占める水分の蒸発による気化熱で体表を冷やし体温の調節をしています。体の部位により、活動している汗腺の分布に差があります。汗腺の機能は、汗をかく環境にいるかどうかでも違うという研究がなされています。

　汗腺にはこのような水分と塩分が大部分を占める汗をかくエクリン汗腺と、脇の下にあって、少し濃厚な汗をかくアポクリン汗腺があります。アポクリン汗腺が活発になり過ぎると体臭のトラブルを発生することもあります。

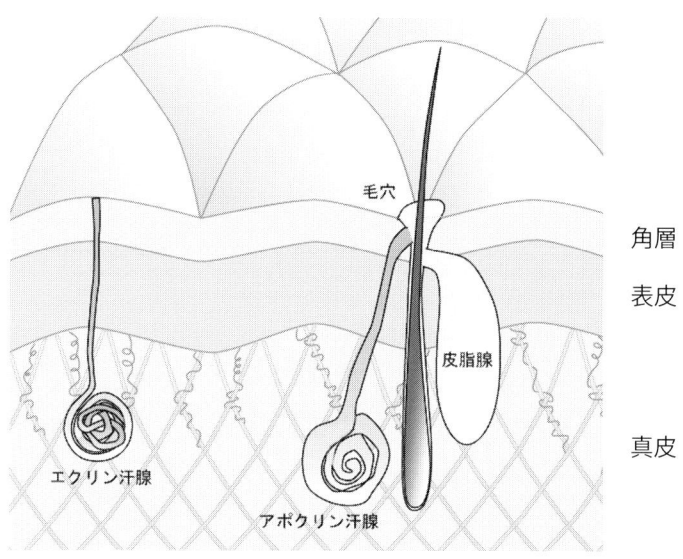

図 1.7　エクリン汗腺とアポクリン汗腺の組織図

感覚器官

皮膚にはセンサー機能があるのですが、神経組織の末端で特殊な構造をつくって特有の刺激を感じ取っています。触覚にはマイスナー小体、圧覚にはパチニ小体、冷たさや温かさなど温度に関する感覚はそれぞれクラウゼ小体とルフィニ小体、そして痛覚は神経自由末端が感じています。こそばゆいなどの痒みは、これらが複雑に混じり合った結果だとされています。

皮膚感覚の感度は皮膚の部位により異なりますし、個人差もあります。手の指では触覚に関する感度がものすごく高くなっていますので、エステティシャンの手指は、まさに触って感じる精巧な触覚センサーであるとも言えるのです。

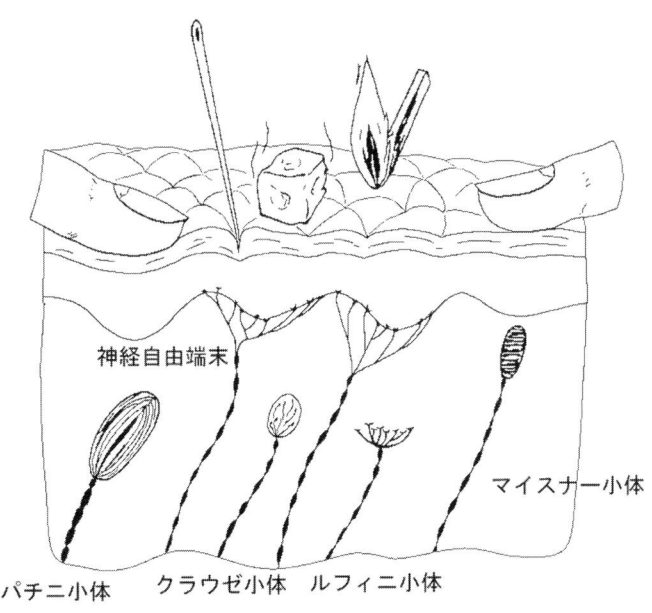

図1.8　皮膚感覚器の組織図

1-2. 肌の役割

　肌は体の表面を覆い、外部環境から体内の恒常性を維持すること、つまり保護機能が一番重要な役割です。また多くの動物にとっての肌はスムーズな運動ができるように伸縮性のあるしなやかな表面性質をもっています。美容を考慮して考えると、生物化学的な働きと社会文化的な働きがあります。

〈生物学的な働き〉

1. 保護機能

　体内環境を維持するために、水分の損失を防ぎ、外部環境から紫外線からのダメージや、病原菌や有毒物質などさまざまな異物の進入を防いでいます。角層のバリヤー機能、表皮と真皮の免疫機能がそれらの役割を果たしています。これらの保護機能は生物の進化の過程において水中から地上に出ることができた理由のうち最も重要なものです。その他、物理的衝撃からのクッション的な保護機能もあります。つまり外部からの物理的な刺激、化学的な刺激および生物学的な刺激から体内を守るための生命保守組織であると言うことができます。

表1.1　肌が保護している刺激の種類

物理化学的刺激	摩擦、圧力、引っ張り、断裂、切断、熱、紫外線などの破壊的な作用や酸やアルカリなどの生体成分を変性させる化学物質、アレルゲン
生物学的刺激	生体攻撃性のある微生物や生物が分泌する有毒物質、生物由来アレルゲン

2. 体温調節機能

　恒温動物である人間は、肌や呼気により体内の温度調節を行っています。とくに肌では発汗による熱放出が調節の効率を高めています。

3. 分泌機能

　汗の他、皮脂を分泌し、肌表面からの水分蒸発を防ぎ、肌表面の柔軟性を高めて保護機能をサポートしています。

4. 吸収機能

　必要に応じて肌から医薬成分などを経皮吸収させて治療を助けます。

5. センサー機能

　肌には温感、圧力を感じる触感などの感覚が発達しており、外部環境の状況を把握します。元々は視覚をつかさどる目も元々は肌と同じ外胚葉から誘導された特殊なセンサー器官です。肌にある神経系の感覚器官は体内や脳とも密接に関連していて、マッサージや香りなどの効用と深く関わってきています。

〈社会文化的働き〉

6. 表現機能

　多くの動物は求愛や威嚇、あるいは身を保護するために体表をさまざまに変化させて対応します。人間も同様ですが、社会文化的な意味で、自分を魅力的にみせて恋愛や社交をスムーズに行っています。そのようにさまざまな感情や個性を表現する部位としての肌はとても重要で、美容が必要とされる大きな意味性をもっています。特に顔は、眉、目、鼻、口という構造や、皮膚を動かしている表情筋が発達しており、喜怒哀楽の感情を表情として表現する主要な部位となっています。更に、肌の付属器官である毛髪や眉、爪もその魅力表現のために大きく役立っています。このように美容において、肌の表現機能はとても重要な機能であると言うことができます。

1-3. 美しい肌の条件

　健康で美しい肌は、誰もが理想と考える肌です。果たしてそれはどのような肌で、その条件にはどのようなものがあるのか、美肌についてのさまざまな情報を整理してみましょう。
　日本エステティック協会のテキストでは美しい肌の条件として「若々しく健康的な肌は、さまざまな働きのバランスが保たれ、構造が整っている状態と言えます」とあり、条件としては「透明感がある」「キメが整っている」「潤いがある」「滑らかである」「しなやかである」こととしています。潤いはしっとりしていること、滑らかは毛穴が目立たないこと、しなやかさはハリと弾力があることと補足しています。

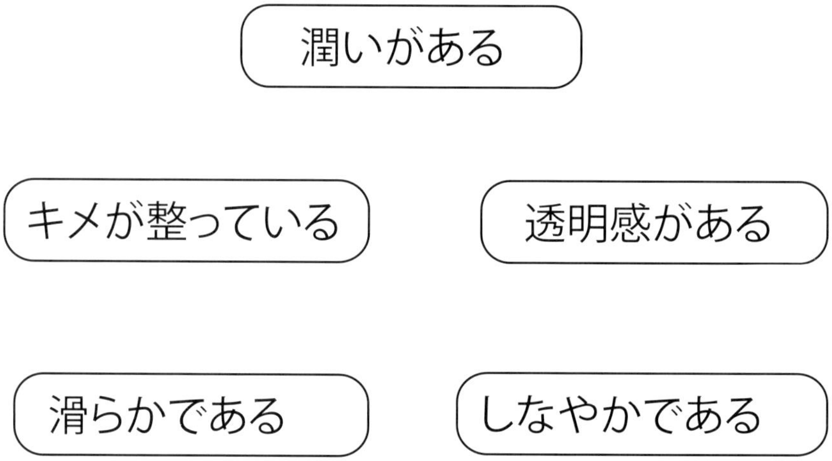

　　　　　　　　　潤いがある

キメが整っている　　　　　透明感がある

滑らかである　　　　　しなやかである

図1.9　美しい肌と美しい肌の条件

理想的に美しい肌の条件を満たすことは現実的に難しいものです。外の環境は厳しいもので、絶えず肌はどこかで傷つきながらも回復をして、肌の機能を果たしています。化粧品の働きは、そのように頑張っている肌を、できる限り美しい肌の条件に近づくように支援しているものとして考えることが良いのです。

　美しい肌の条件を損なう要因として加齢がありますが、これは生物である限り避けられない運命です。それに対しては、加齢要因の影響をできる限り少なくするために、日常における基本的なスキンケアが効果的で、その継続効果が結果として美しい肌、すなわち年齢の印象より若々しく見える肌を作るのです。

図 1.10　美しい肌の角層細胞 (左) と痛んだ肌の角層細胞（右）

1-4. 肌の恒常性（ホメオスタシス）

　肌は体内の恒常性を守っていますが、肌自体にも恒常性があり、常に環境に応じて防御機能がとれるようにしています。古い角層細胞が剥がれ落ち、常に健康で新しい角層に生まれ変わっていることは最もわかりやすいことです。

1. 生体リズムを理解する

　体内環境と同様に肌にも昼夜のサーカディアンリズム、約1か月の生理周期、春夏秋冬の1年のリズムの影響を受けて肌状態も変化しています。個人差や環境、あるいは仕事環境などの違いもありますので、一律的な変化ではありませんが、その生体リズムを知ることも、美しい肌を作ること、維持することに大事なことです。一定の生体リズムをもった健全な心身は美しい肌を作り出し、維持するための重要な背景となっているのです。

2. 肌は常に変化しているが、その中で恒常性を保つ

　肌状態は刻々と変化をしているのですが、天秤が揺れながらも常に真ん中でバランスをとるのと同じような感じです。常にバランスをとることを恒常性の維持と言います。よく耳にするホメオスタシスとは恒常性の維持のことです。

　変化には周期が短時間のものも長時間のものもあり、さまざまな周期をもつリズムが複雑に組み合わさっているのが現実なのです。

図 1.11　恒常性維持の天秤モデル図

そのような肌の状態を理解し、できる限り正しく把握することも、健康で美しい肌を作り、維持するために必要なことです。
　身心のバランスを崩した時に肌トラブルが発生しますが、トラブルの原因を取り除くことで自らバランスを取り戻そうとします。これを自己回復力と言いますが、その働きをサポートするのが化粧品などで行うお手入れなのです。

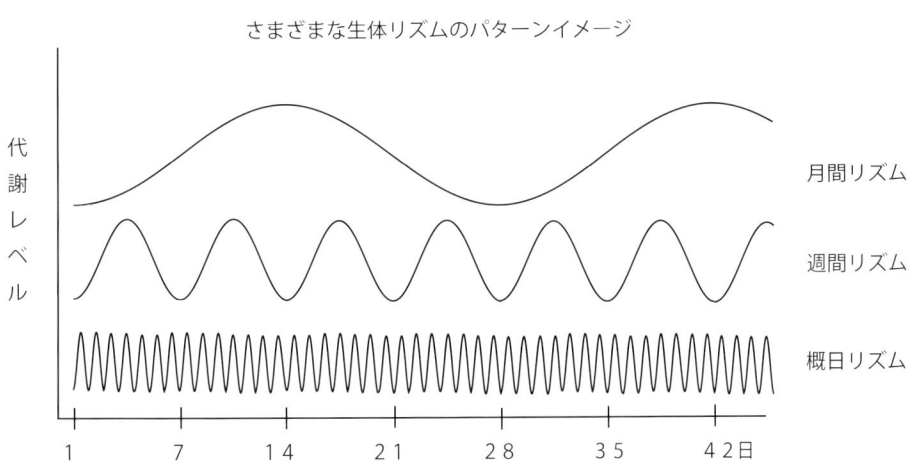

2. 化粧品とは

　化粧品は薬ではありません。化粧品は肌の健康な状態を守り、結果として若々しく美しい肌を作り、維持してくれる日常的な製品なのです。肌といっても、毛髪や爪などの肌に付属する器官も対象にしています。

　また化粧品は、使用することによる快適性や美しく魅力的にしてくれるという期待も感じさせてくれるものです。そのためには美しい容器やパッケージ、パンフレットもそのような期待感を高めてくれるもので、これも重要な化粧品の効用と言えるのです。つまり嗜好品としての要素も大いにあるのです。

　そういう意味で化粧品は、保湿やメイクアップなどのような直接的な美化的効用以外にも、触覚、嗅覚、視覚に対して心地良い刺激を与えることで、美しさや魅力に対する期待感を相乗的に高めてくれるものと考えた方が良いのです。

　化粧品がもつ条件は「有用性」「安全性」「安定性」「使用性」「快適性」です。特に快適性は、感触、効果実感、香り、そして容器のデザインなど五感で感じる好みが重要となります。このような嗜好とも言える個人的な要素があるのが特徴で、この点では料理と似ている所があります。

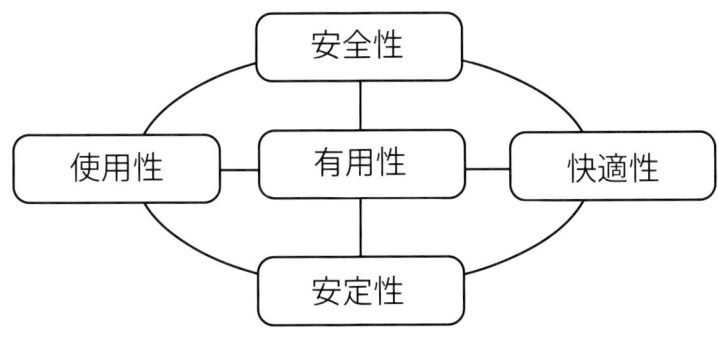

図1.12 化粧品がもつ条件

2-1. 化粧品の役割

1. 化粧品の種類

　化粧品は使用する部位や使用する目的によってさまざまな種類に分けることができます。一番わかりやすく一般的な分類方法は、使用部位で大きく分け、更に使用目的で分ける方法です。とはいうものの頭にもボディにも使える製品などのように分類項目で重複するような製品もあります。このような多目的の化粧品は今後も増えていくと予想されます。

　その他の分類方法としては、美白効果や保湿効果などのトリートメント効果別に分けたり、形状別に分けたり、使用法で分けるもの、あるいは自然派化粧品、特定成分を配合しないなどのいわゆる無添加化粧品のように、コンセプトにより分類する場合もあります。つまり化粧品をわかりやすく位置づけるために何らかの基準で分類しており使われているのです。

2. 化粧品の分類

　化粧品の分類で一番わかりやすく普及しているのが使用部位によるものです。表 1.2 に示すように、顔に使用する製品群、ボディ似使用する製品群、頭髪や頭皮に使用する製品群、それに付ける部位は特定しないフレグランス製品群があります。顔に使用する製品群は大きくスキンケアとメイクアップのグループに分けるとわかりやすくなります。

　しかし、現在ではスキンケア効果の高いファンデーションもあったり、ボディと頭髪兼用のシャンプーもあったり、カテゴリーの境界をまたぐ製品も増えています。

　その他、化粧品の形状別の分類もよく使われています。この分類も区分の境界がはっきりしていないのですが、お客様や開発者にとっては製品の説明をする時にイメージしやすいので便利な分類方法なのです。

表 1.2　化粧品の使用部位別分類

分類	使用部位	使用目的	主な製品
基礎化粧品	顔面	クレンジング	クレンジングクリーム、クレンジングオイル
		洗顔	洗顔クリーム、洗顔フォーム、固形石けん
		整肌	化粧水、美容液
		保湿（保護）	クリーム、乳液、美容液、シートマスク
		活性	美容液、パック、マッサージクリーム
メイクアップ化粧品	顔面	ベースメイク	ファンデーション、白粉、下地クリーム
		ポイントメイク	口紅、マスカラ、アイシャドウ、チークカラー
ボディ化粧品	ボディ	美爪	ネイルエナメル、ネイルリムーバー
		浴用	浴用石けん、ボディ洗浄料、入浴剤
		サンケア	サンスクリーン製品
		制汗、防臭	デオドラントスプレー、デオドラントスティック
		脱色、脱毛	脱色クリーム、脱毛クリーム
頭髪化粧品	頭髪	洗浄	シャンプー
		トリートメント	ヘアリンス、ヘアコンディショナー
		整髪	セットローション、ヘアムース、ヘアワックス
		パーマウエーブ	パーマ剤（1剤と2剤）
		染毛、脱色	ヘアカラー、ブリーチ
	頭皮	育毛、養毛	育毛剤、ヘアトニック
芳香化粧品	ボディ、衣服	芳香	香水、オーデコロン、オードトアレ

表 1.3　化粧品の形状別分類

液状	化粧水、美容オイル、液状ファンデーション、シャンプー、香水
ジェル状	美容液、洗顔料
乳液状	乳液、美容液、
クリーム状	クリーム、ファンデーション
固形状	プレス状またはスティック状ファンデーション、口紅、固形石鹸、
粉末状	粉白粉
エアゾール	デオドラントスプレー、ヘアセット料、ムースタイプ洗顔料

化粧品を構成しているもの

化粧品は実際に肌に付ける中身だけで構成されているものではありません。使いやすいように何らかの容器に入っています。保管や移動に対して中身の保全や、使用において便利なように工夫されているものです。この容器の機能もお客様の製品選びにおいて重要な要素となっています。容器を保護し、製品の識別のために外箱を使用します。最近では、箱ではなくシュリンク素材でくるんだ製品も増えています。

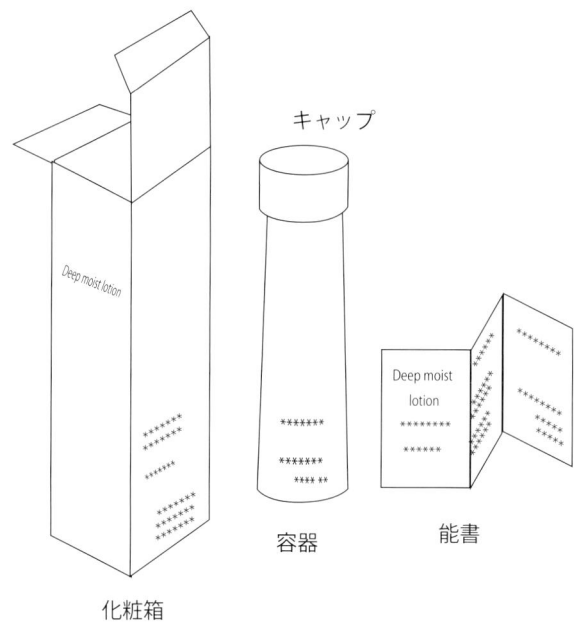

図1.13 化粧品を構成しているもの（化粧水の例）

その他、使用に便利な小道具として、ヘラ、ブラシ、スティック、マットやパフなども付属することもあります。化粧品は最終的に使用者が快適に使用できて効用に満足してこそ価値があります。だから使用するのにヘラやブラシも必要で、しかも最適な機能の小道具である必要性があります。近年のファンデーションはマットとの相性も重要ですし、マスカラに至ってはブラシの形状まで品質に大きく影響する製品も出てきていますので、化粧品を構成

しているものすべてを見ずに品質の評価はできません。

　化粧品の使用方法はだいたい見当がつくものですし、大まかな使い方は過去の体験や雑誌情報で得ていますので、それらを基本に使用者が使っています。しかし製品によっては使用量も使い方もこだわりがあり、一般的な使用方法ではないものもあります。化粧品ですから使用方法によってトラブルが発生することは少ないのですが、化粧品の機能を最大に発揮できないものもあります。そのために丁寧に使用方法を能書に書いた製品もあります。そういう意味では能書情報も製品価値を決める要素であると言うことができます。読みやすくわかりやすい能書は製品価値を高めるものです。

2-2. 化粧品の肌への働き

　化粧品は肌を清潔にして、健康な状態に整え維持する基本的な働きがあります。そうすることで結果として若々しく美しい肌になります。また多くの化粧品は毎日使い続けることで持続的な肌への働きが発揮されるのであり、決して肌への負担をかけるものではありません。だからこそ安心して毎日使い続けられるように安全性が十分に考慮されているのです。中には時々、必要に応じて使用する化粧品もありますが、目的と使用法を間違えなければ、安全に使え、肌への働きが発揮されるのです。

　肌につけて化粧品の働く部位は、その大部分が角層となります。一般的には角層の表面から層をなしている角層細胞の数層の深さまでが化粧品の成分が届く範囲となります。また毛穴や皮溝などのくぼみも働く部位となりますが、その部位にしっかりと浸透できるようにするには化粧品の処方が重要になります。ただし化粧品に使われる成分の中には角層よりも内部へ浸透するものもありますが、安全性が高いことと、肌への健康な機能を助けることが研究により推定されるものが選ばれているのです。

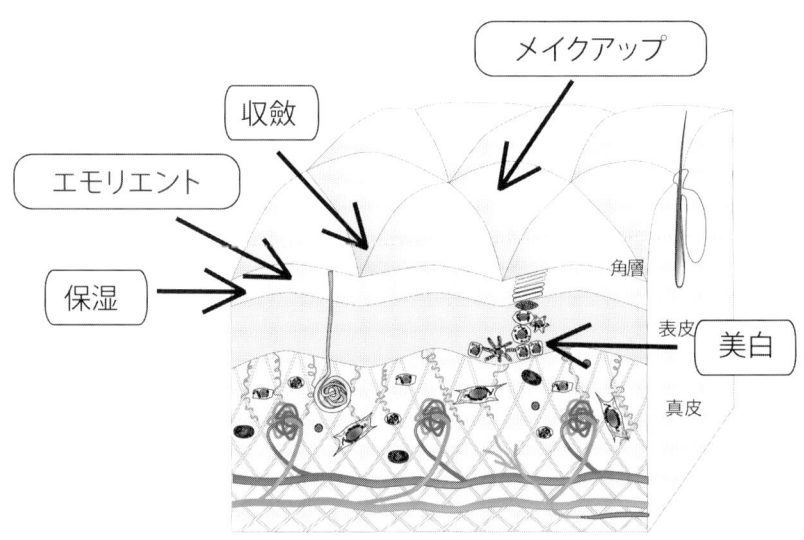

図1.14　化粧品の働く部位

化粧品の肌への働きを考えて分類すると、化粧品の肌への機能別、あるいは作用別の分類となります。例えば保湿機能やエモリエント機能、美白機能などが機能別の分類に相当します。ただし、それらの分類に入らなくて、毛髪やボディなど使用部位に限定されるものはヘアケアとボディケアという使用部位別の分類で考えると良いでしょう。

表 1.4　化粧品の機能別一覧表

化粧品の機能	内容
保湿	角層中で水分を吸収・保持する
エモリエント（柔軟）	水分が蒸発するのを防ぎ角層中の水分を保持する
美白	表皮のメラニン色素を減少させ肌色を明るくする
保護（肌荒れ防止）	角層のバリヤー機能を強化する
洗浄	肌表面の汚れ成分を除去する
収斂	肌を引き締めてキメを整える
紫外線防御	紫外線を反射、吸収して肌への侵入を防ぐ
その他の生理活性	アンチエイジングや育毛などの生理活性
メイクアップ	肌、爪を美しく彩る
香り、デオドラント	体臭を防ぎ、魅力的な香りを身につける
ヘアケア（ヘアトリートメント）	毛髪、頭皮を健やかに整える
ボディケア（ボディトリートメント）	手、足からボディ全体の肌を健やかに整える

1. 保湿

　肌の角層は適切な水分量を含み保つことで、丈夫で柔軟な特性をもち、外環境から肌内部を守る機能が満たされています。保湿とは肌内部から角層に来る水分を角層構造やその中に含まれている水分保持機能のある複数の成分の組み合わせにより総合力として一定の水分量を保っているのです。保湿機能のある化粧品には洗顔などにより失われたそれらの保湿保持機能のある成分を補ったり、あるいは補強したりする働きがあります。

表1.5　肌が本来持っている保湿機能のための成分

成分分類	成分名	由来
NMF	アミノ酸（セリン、グリシン）	表皮の角層代謝の過程で生成
	ピロリドンカルボン酸塩（PCA-Na）	
	尿素	
	乳酸塩	汗の成分
皮脂	スクワレン	皮脂腺より皮脂として分泌
	中性脂肪	
	ワックスエステル	
細胞間脂質	セラミド	表皮の角層代謝の過程で生成
	コレステロール	
	コレステロールエステル	

保湿成分やエモリエント成分を含み、肌表面や角層内になじみ、保湿機能を発揮する化粧品としては、乳液、クリーム、美容液、化粧水などがあります。現在ではスキンケア製品だけではなく、その他のカテゴリーのファンデーションなどメイクアップ製品にも保湿機能の高い製品が開発されています。

　よく皮膚は自前の皮脂分泌機能を持っているから何も補う必要がないという理屈を言う専門家や医師がいます。しかし、健康で美しく魅力的な肌を維持するには肌を清潔にする必要があり、洗顔が必要です。その際に失われる皮脂や保湿因子は、時間をかけて自然補給されることを待つことなく、引き続き保湿機能のある化粧品を使うことで保湿をすれば、洗顔と自然補給の間も途切れなく角層バリヤーを維持できるので健康維持のためにも良いのです。たとえ水やお湯だけの洗顔でも、かなりの皮脂や保湿因子が失われていますので、やはり適切な保湿ケアをすることが肌の保湿機能の回復に良いのです。

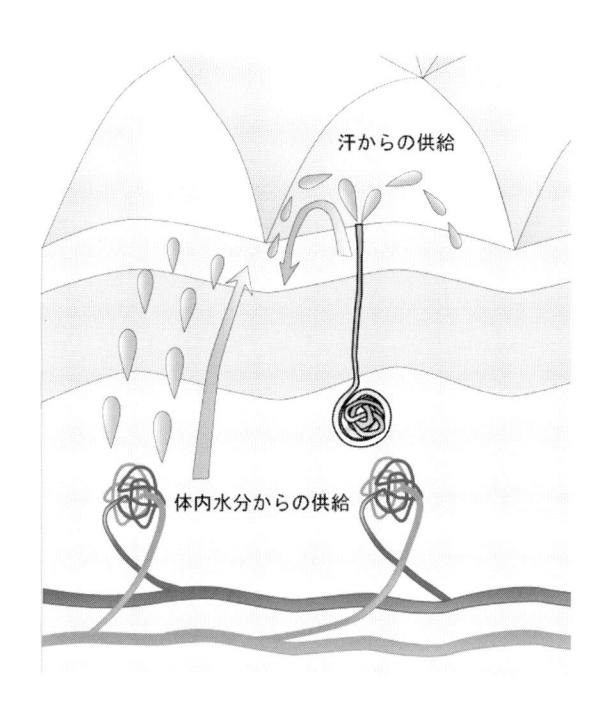

図 1.15　保湿機能を理解するための水分の循環モデル図

NMF が水分を吸着し、
ケラチン線維構造を柔軟に保持

セラミドやコレステロールなどの
細胞間脂質の多重層の構造

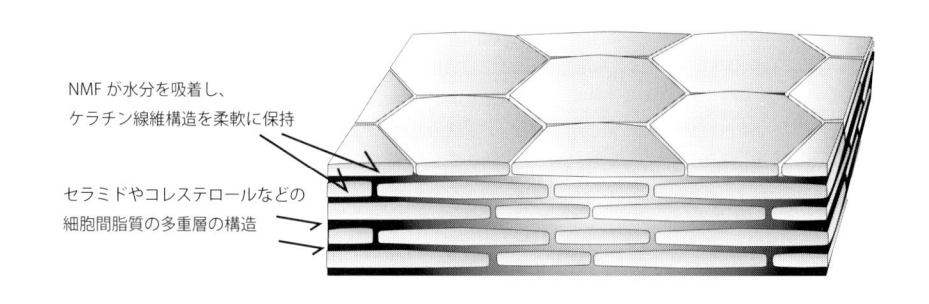

図 1.16　皮膚の角層バリヤー構造

2. エモリエント（柔軟）

　肌の角層は角層細胞と角層細胞の隙間にセラミドを主体とした油分が層状に並び、水分や皮脂成分を含んで角層から水分が蒸発することを防いでいます。この働きを補強したり補ったりする油性の成分をエモリエント成分と呼んでいます。角層の細胞間隙を油分が十分に補給されることで角層が柔軟になり、肌表面では艶が出て来ます。そもそも人類は肌の乾燥を守るために動物や植物の油を肌につけていましたが、乳化という化粧品を作る技術が生まれたことで油をクリームとして肌に快適になじませるようにできたのです。

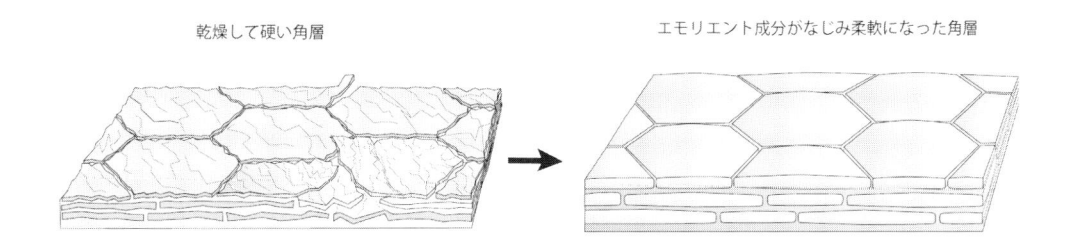

図 1.17　柔軟になった状態の角層モデル図

　エモリエントとは柔らかな状態にするという意味ですが、機能的には肌の保湿機能とも大きく関わっています。多くの油性成分はエモリエント機能と保湿機能を併せ持っています。つまり保湿機能により角層を構成しているケラチンタンパク質は水分が満ちて柔らかくなり、角層細胞と角層細胞の間はエモリエント機能の油性成分が満ちて柔らかくなるという感じです。このように健康で美しい皮膚のバリヤー構造はエモリエント成分と保湿成分が組み合わさってできていますので、エモリエント機能をもつ化粧品は肌の状態によりそれぞれのバランスを考慮して処方されているのです。

　日常的なものに例えると、ハンドバッグなどの皮製品にクリームやオイルをつけて手入れすると、光沢と柔軟性が出ることに似ています。

3. 美白

　化粧品で言う美白効果とは紫外線や肌の炎症によって起こるシミやソバカスなどの色素沈着を事前に防ぐことを言います。色素沈着といっても実際にメラニン色素が入れ墨のように肌内部にたまるのではないのです。多くの場合はメラノサイトがメラニン色素の合成を促進させ、その結果、メラニン色素の詰まったメラニン顆粒を多量に受け取った表皮基底細胞が増えた状態を言います。このようにしてできているシミやソバカスに見える部分の表皮基底層は他の部位よりもメラニン色素の量が多く含まれて黒く見えるのです。見かけはメラニン色素が皮膚に沈着しているように見えるので色素沈着と呼ばれたと考えられます。

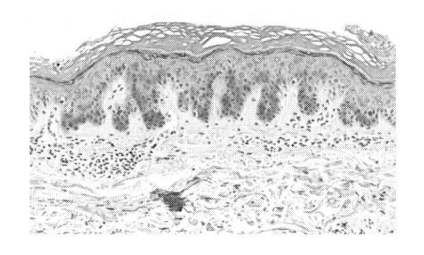

図 1.18 シミの皮膚組織写真

　美白効果は、きっかけとなる紫外線の刺激を防ぐための紫外線防御効果と、その後で起こるメラノサイトでのメラニン色素合成反応を抑制する効果のどちらか、または両方の効果で発揮されます。しかし一般的には後者のメラニン色素合成反応を抑制する効果が美白効果とされています。メラニン色素合成反応を抑制する仕組みとしては、メラノサイト内でのチロシンがドーパとなりドーパキノンとなる反応を抑制することがポイントとなり、この反応を促進しているチロシナーゼという酵素の働きを抑制することです。その他、黒いメラニン色素（ユウメラニン）でなく薄茶色の肌色をしたメラニン色素（フェオメラニン）への誘導やチロシナーゼを作る遺伝子の活性を抑えるとか、メラノサイトにメラニン色素合成を指令するサイトカインという成分の働きを抑えるなど多数のメカニズムが発見され、それぞれの働

きをもつ美白成分の開発と応用が進んできています。現在では、複数のメカニズムに対応した複数の美白成分を配合した美白製品が主流となっています。

Check!

サイトカイン

免疫に関係する細胞から分泌されて他の細胞に何らかの指令を与える成分です。タンパク質の一種で現在多数発見されています。

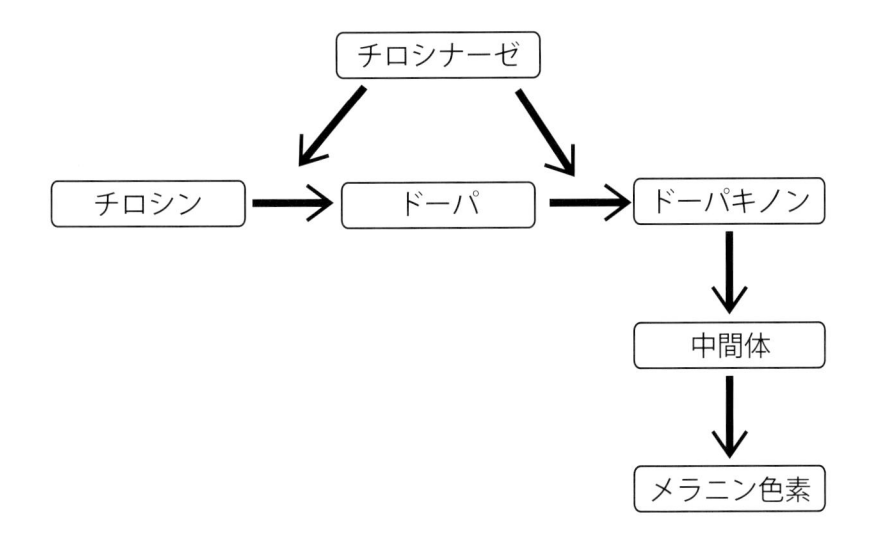

```
              チロシナーゼ
              ↙       ↘
チロシン  →  ドーパ  →  ドーパキノン
                            ↓
                          中間体
                            ↓
                        メラニン色素
```

図 1.19　メラニン色素合成の代謝経路

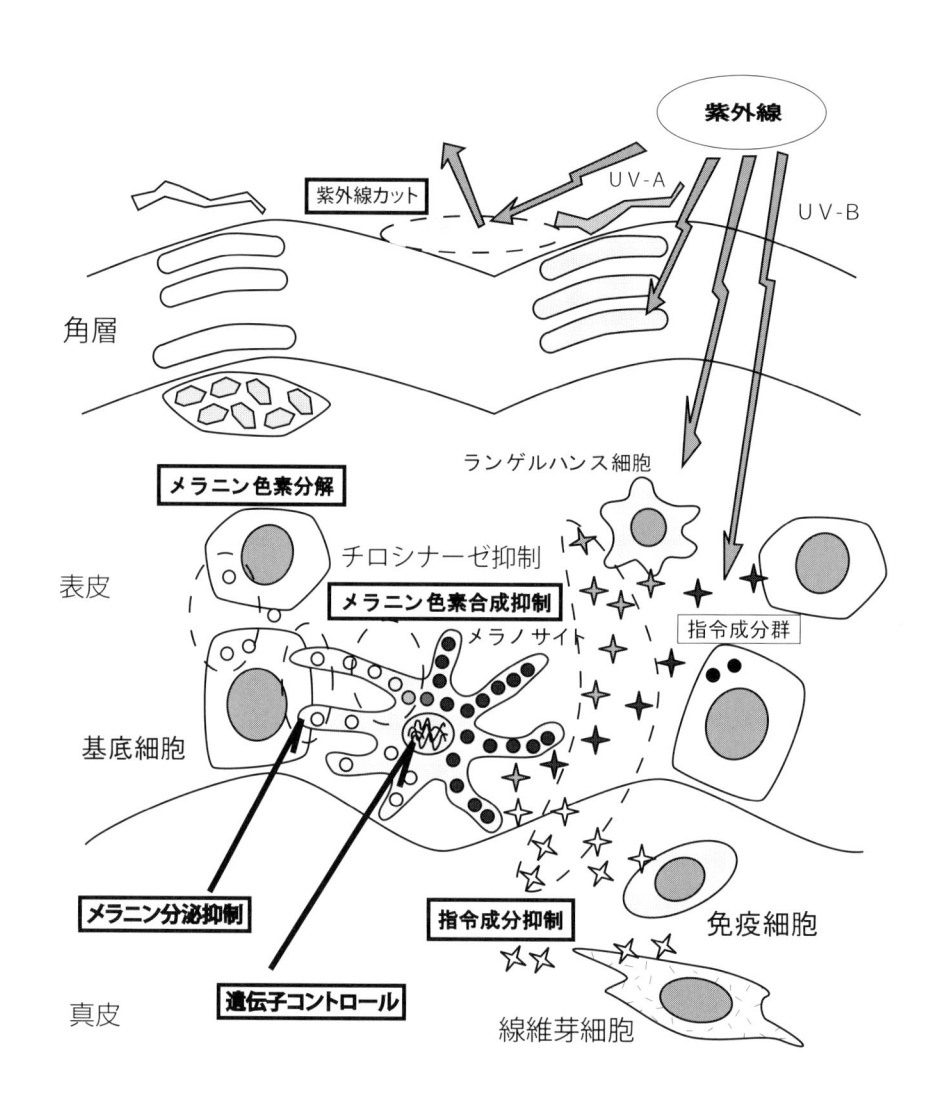

図 1.20　美白のメカニズム

4. 保護（肌荒れ防止）

　健康な肌は外部からの刺激物が進入しないように防いでいます。そのような肌の角層は構造的にもしっかりしていて、保護機能だけでなく保湿機能や柔軟機能も十分な働きをしています。更に保護効果は角層のバリヤー構造がもたらす物理的な防御以外に、肌の内部で有害な微生物や物質から生体を守る免疫系の仕組みもあります。ここで言う保護効果は肌のもつ自然な免疫反応をサポートし、肌トラブルを未然に防ぐ目的で使われるものです。

　肌は生活環境、とくに生活活動で体表に触れたり付着する毒性のあるものから体内環境を保護するために免疫システムが発達しています。化学物質による毒物は表皮のランゲルハンス細胞や真皮のリンパ球やマスト細胞などの免疫系細胞群により連係プレーのように物質の毒性を無毒化したり、反応を最小限に抑えようと働いています。また毒性のある微生物に対しても白血球やマクロファージなどの免疫系の細胞が食べて毒性反応の広がりを抑えています。

　肌内面の保護作用とは、これらの毒性反応、言い換えると皮膚刺激反応が発生することを防いだり、反応が大きく広がらないようにする働きのことを言います。そしてそのような働きをもつ配合成分の多くは、免疫機能を正常化する働きや炎症反応を抑える働きに関与しています。医学的に言えば、消炎効果をもつ成分が使われています。

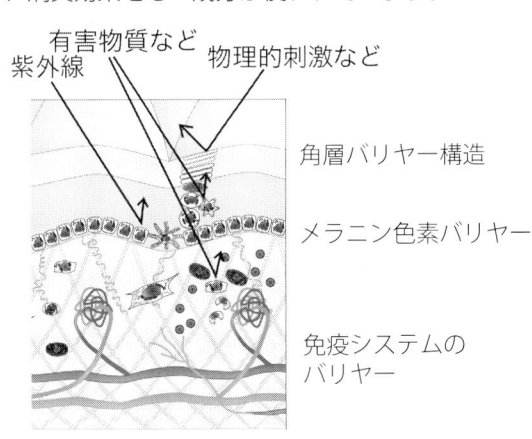

図 1.21　肌の保護作用のメカニズム　表面と内面の保護システムの図

5. 洗浄

　肌を健康で快適な状態にすることの最初のケアは、肌に付着した不要な汚れ成分を除去することです。洗浄とは放っておくと有害な物質になりかねない汚れ成分を水や湯で洗い流すことです。その際に使用されるのが洗顔料やシャンプーなどの洗浄用化粧品で、主に配合されている成分が洗浄成分です。水や湯だけでもある程度の汚れは洗い流せるのですが、油性汚れや肌表面に強く吸着している汚れは洗浄成分の働きで洗い流す方が、強くこするなどの摩擦刺激が少なく、肌への負担が少なくなります。

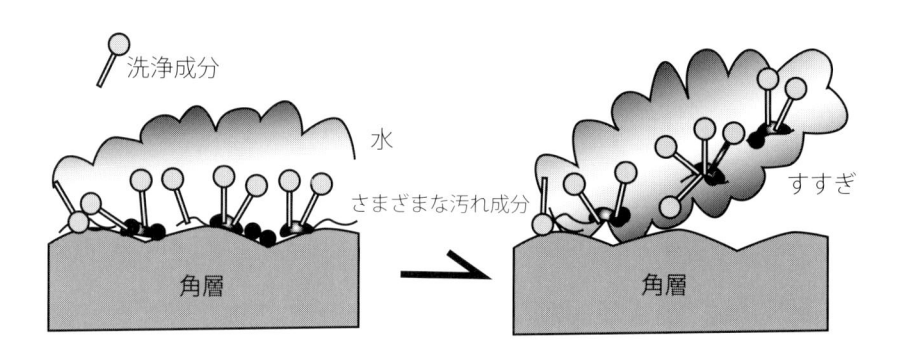

図1.22　洗浄成分で汚れが落ちる仕組み

　近年では洗浄成分が界面活性剤であるという理由で、肌への刺激性を問題視する傾向もあります。しかし落とし難い状況で肌をこすり過ぎることや、逆に泡で肌に長い時間かけて包み洗いするような方法がメディアで流されており、度が過ぎると肌への刺激性も危惧されます。現在の洗浄用化粧品の多くは、肌に負担をかけず、安全性を考慮して目的の汚れをスムーズに落とすような機能を製品化しているのです。もっと界面活性剤や洗浄成分に関して正しい情報の啓蒙も必要なのです。

　一般的に、洗い流すことを洗浄と言いますが、コットンやクロスに含ませて拭き取るタイプの洗浄用化粧品も増えており、これも洗浄機能に含まれます。今後も多様な形状や使用法の製品も増えていくものと思われます。

6. 収斂

　肌はキメが整うと美しく見え、さらにファンデーションなどのメイクアップがきれいにつきます。洗顔後の肌表面を整えるには化粧水などの収斂作用のある化粧品を使います。そもそも収斂とは縮むことで、肌表面を覆っている角層の構成成分であるケラチンタンパク質を収縮させることです。化学的にはタンパク質凝固剤のような作用ですが、肌に対して作用の穏やかな成分が収斂成分として選ばれています。皮革をなめして丈夫でしなやかな皮製品に製造する時に使用される、タンニンなどを含む植物エキスが多く化粧品には使われています。

　その他、アルコールや水にもキメを整える効果があります。角層がぬれて柔らかくなり、その後水分が蒸発することで角層が縮む作用で起こります。今はあまり見なくなった光景ですが、障子貼りの際に水を霧吹きで吹きかけてピーンと張らせることを肌の角層というシートで行っているのです。

　その他、収斂効果は汗を抑える化粧品にも必要とされています。この場合はアルミニウム誘導体が医薬部外品の主成分として選ばれています。作用メカニズムは角層のケラチンタンパク質を収縮させることですが、やや作用は強いものです。

7. 紫外線防御

　紫外線を浴び過ぎると日焼けして場合にはソバカスやシミを作ります。また、紫外線の影響が積み重ねればシワなどの老化現象も進んできます。肌にとって百害あって一利なしの紫外線を遮断するのが紫外線防御機能の日焼け止め化粧品です。かつてはファンデーションを付けていれば大丈夫だと思われていたのですが、化粧膜の隙間からかなり紫外線が肌に進入することもわかり、紫外線を遮断できるタイプの微粒子酸化チタンの開発が進み、この十数年で格段に紫外線防御機能は高まっています。

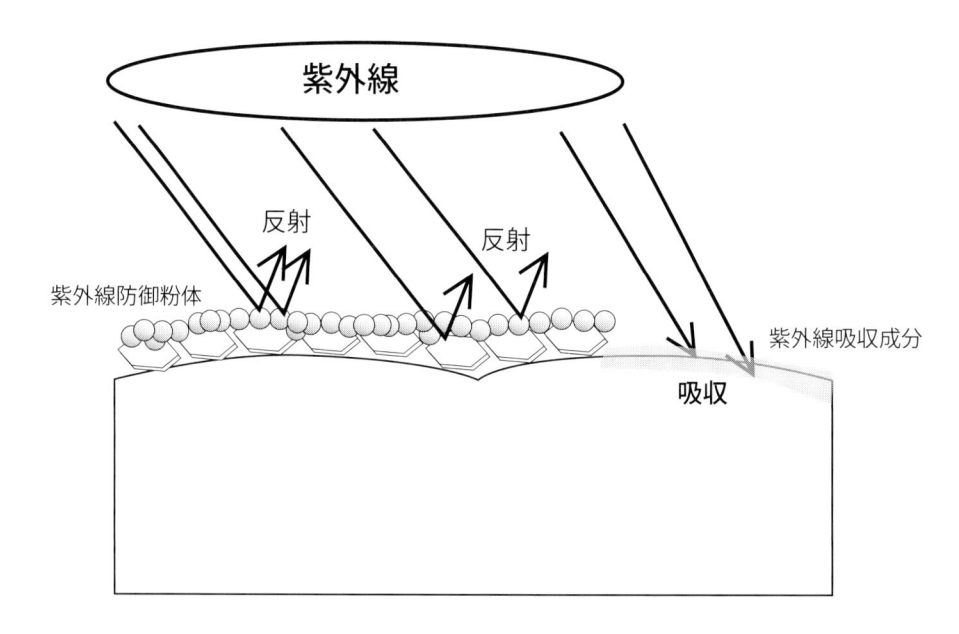

図 1.23　紫外線防御の仕組み

　日焼け止め化粧品やファンデーションを選ぶ基準も明確にされ、UVB に対しては SPF という指数が、UVA には PA という指数を表記することになっています。

SPFとはUVB波紫外線を浴びて肌が赤くなる（サンバーン）をどの程度防止できるかという目安の数値です。例えばSPF10の製品は、何も塗らなかった場合より10倍長い時間肌が赤くならず、サンバーンを起こさないで紫外線に当たれる目安になります。

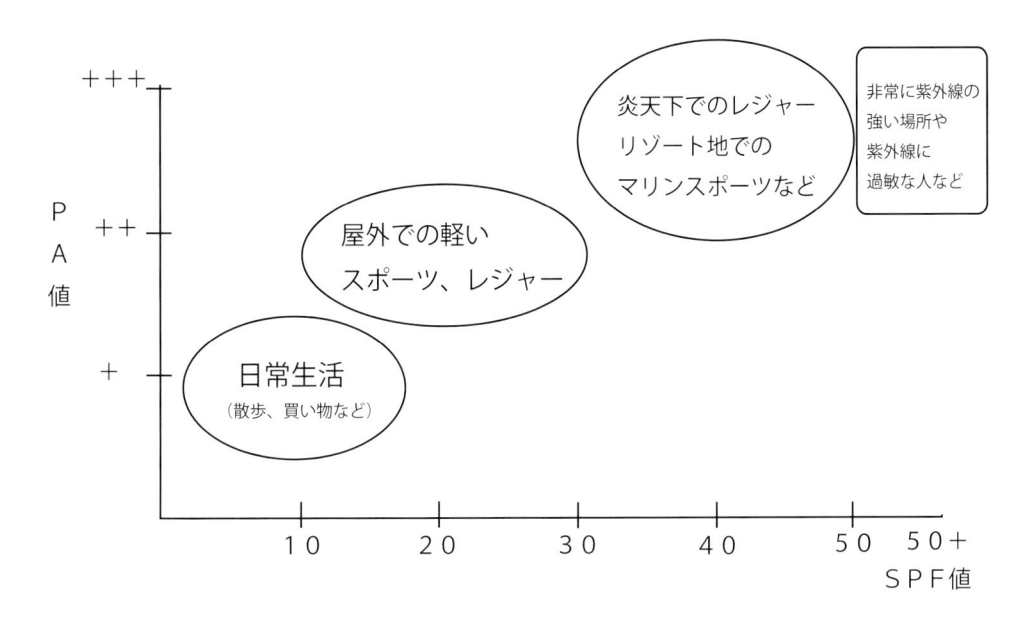

図1.24　SPF数値の目安　（日本化粧品工業連合会のＨＰのグラフより引用）

PAとはA波紫外線によって肌が黒くなる作用の防止効果を測定することにより得られる目安で＋～＋＋＋という記号で表されます。（日本独自の指数）
PA＋　　　：A波紫外線防御効果があります。
PA＋＋　　：A波紫外線防御効果がかなりあります。
PA＋＋＋：A波紫外線防御効果が非常にあります。

8. その他の生理活性

アンチエイジング、育毛

　スキンケア化粧品の主な機能は、肌を清潔に保ち、潤いのある健康で美しい肌を保つことですが、保湿機能、エモリエント機能、美白機能、保護機能以外にも化粧品としての機能があります。薬学研究や生物学の研究成果として健康で美しい肌機能を高めたり、維持することに関する内容が発表され続けています。今まで使用していた植物エキスやビタミン類やアミノ酸もそれらに関する生理活性があることが研究されています。医薬品のように治療効果は無くとも、配合された化粧品を使い続けることにより、科学的考察から美しい肌づくりのための生理活性効果が期待できるのです。

　抗酸化作用やエネルギー代謝系の酵素活性の研究成果があればアンチエイジングの効果が期待できます。また血行促進の研究成果があれば肌のくすみや育毛が期待でき、皮脂腺の皮脂代謝の抑制作用があればニキビを防ぐ効果が期待できます。このように化粧品は医薬品と違い、使用し続けることにより緩和で継続的な生理活性効果が科学的考察によって推定できるのです。

　これらの生理活性効果に関しては、化粧品の使用効果を科学的検証によって証明することは難しいのです。しかし、近年保湿効果やニキビ予防などの効果については評価基準の統一を目指して検討され続けています。

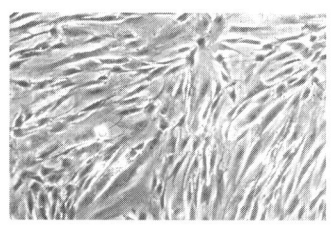

図 1.25　皮膚培養細胞による生理活性の研究

9. メイクアップ

　化粧品のもうひとつの主要な目的に容貌を変えることがありますが、それがメイクアップです。化粧の歴史的な起源として祭事や祈祷、戦闘時の威嚇や鼓舞などの目的における肌への彩色があります。現在では、主に美的な表現として、あるいは社会的人間関係を保つ表現としてメイクアップがなされます。メイクアップはファッションによる文化的な影響を強く受け、社会生活における必要性は高まっています。年齢や性別を超えて時代と共に広がっている傾向にあります。

　メイクアップ化粧品は、肌色を演出するファンデーションやパウダー類と、顔の目鼻口や手足の爪に彩色をするポイントメイクアップ類に大別されます。絵画に例えると、大地や空などの背景や地を描くことがファンデーションの役割で、木々や花、葉などの構造を描き込むのがポイントメイクと考えることができます。つまり、顔というキャンバスにファンデーションとポイントメイクで絵を描くような感じです。メイクアップに使用される着色料である色素は、現在は肌に対して安全性の高い原料が選ばれています。そのために見かけはクレヨンや絵の具に似ていても、成分的には純度も高く組成も異なります。

　最近のメイクアップ化粧品は、保湿効果やエモリエント効果をはじめ、さまざまなトリートメント効果をもつ製品も増える傾向にあります。特にファンデーションはスキンケアと遜色ないものも開発されています。

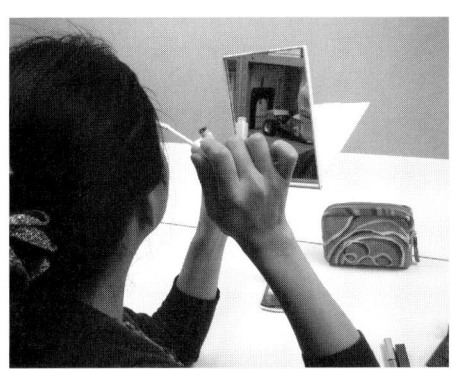

図1.26　メイクアップにより魅力が増す

10. 香り、デオドラント

　化粧品は香粧品とも呼ばれるように、香りのもつ意味合いも大きいのです。化粧品を歴史的に見れば、スキンケアとメイクアップとフレグランスと分かれていたものが、文化と技術の発達により融合してきたと考えられます。香りは嗅覚で感じるメイクアップのようなものかも知れません。特に西洋では香りに関しては体臭に対する認識、そして食生活の要素や風呂にあまり入らなかった時代の生活習慣などさまざまな要因によってフレグランス製品が発達し普及も進みました。体臭を消すだけではなく、個人的魅力の表現という効用もあります。中には調香師による芸術要素あふれた名香と呼ばれる香水も歴史的に数多く生まれています。

　日本では普通の生活ではあまり香水などのフレグランスを使う習慣がなく、他人に不快感を与えないというデオドラント製品や、スキンケアやヘアケア製品などの香りがフレグランスの役割をかなり担っています。日本は香水やオーデコロンを多量に使わない文化圏なので、体臭を感じさせないようなデオドラント製品の方が使用頻度が高いと言うことができます。近年体臭については、衛生面からだけではなく、加齢臭というアンチエイジングケアの面から対処する考え方も生まれてきました。その他、足臭や口臭、服に付くペット臭などの多様な臭いに対処する製品も生まれています。

　しかし年々香りの意味合いも変わってきており、香りが自律神経系やそれらが支配している体内のさまざまな機能に対する働きも着目されています。西洋では古くから芳香療法などの香りを活用した自然療法が発展していることから、その考え方が日本でもかなり普及し始めています。

　かつて香料がアレルゲンとして問題視されたことから、肌に悪い成分だと認識されたことを受けて安全性訴求のために無香料のトレンドも生まれました。しかし、アレルギー体質でなければ香料による問題はほとんどないため、最近では香りを訴求した化粧品が増えています。

図 1.27　香り訴求の製品イメージ

11. ヘアケア（ヘアトリートメント）

　毛髪は頭皮に生えている皮膚付属器官ですが、それを清潔に保ち、乾燥やヘアブラッシング、ドライヤー、ヘアダイ、パーマによる摩擦や熱から保護して健康な毛髪と頭皮を守ることがヘアケアの主な目的です。ヘアケアで重要なことは、頭皮から生えて上に出ている毛髪は既に生物学的には死んでおり、毛小皮、毛皮質、毛髄質などに特殊化した構造になっているので再生はできません。だから痛めずに毛髪を伸ばすことがヘアケア製品に求められる役割となります。毛髪や頭皮についた汚れはシャンプーなどの洗浄用化粧品で洗い落としますので、これは洗浄機能に属します。それ以外の毛髪や頭皮を健やかに保つために使われるヘアコンディショナーやヘアパックなどがヘアケアの機能となります。ただし、業界的にはヘアケア製品というカテゴリーにはシャンプーなどの洗浄からヘアトリートメントまですべての頭髪用製品が含まれます。

　その他ヘアケアにはシャンプー後の静電気を防ぐヘアリンス機能があります。またブラッシングによる絡みつきや摩擦を避けて毛髪を痛めないように整えることも目的です。その他、毛髪表面にあるウロコ状の毛小皮（キューティクル）を乾燥から守り艶やかな髪に整えるヘアトリートメント機能があります。また傷んだ毛髪に対しても修復する働きのトリートメント製品も増えています。健康な毛髪の生育を助ける育毛機能も含まれますが、この場合はその他の生理活性機能として考えます。

12. ボディケア（ボディトリートメント）

　ボディも顔と同じように産毛に覆われた肌が主な対象になります。そのように考えると、今までに分類したカテゴリーにあったボディ用洗浄化粧品やボディ用保湿化粧品、あるいはボディ用美白化粧品などもすべて含まれます。これら以外の機能で考えると脱毛用化粧品が相当します。日本での一般的なエチケットとして脇毛や濃過ぎる足のすね毛などの脱毛などです。その他、肘やかかとが厚くなってざらついた時の柔軟ケアが相当するでしょう。

　ただし、ボディケアも業界の分類では洗浄からトリートメント製品を含めています。ヘアケアと同じく、ボディケアは使用部位を限定した分類なので、機能別分類ではどうしても重複してしまいます。ここでは機能別分類では該当しなかったものを分類上の整理を考えることにします。

　一般的にはボディケアは全身用、ハンドケアやレッグケアは部位専用、脱毛もムダ毛の気になる部位専用だと認識されています。あと入浴剤もボディケアに含める場合が多いようです。いずれにしてもボディケアは肌を露出し、その部分を魅力的に、あるいは健康的にみせるために、日本でもニーズが増える分野となっています。

第1章　肌と化粧品

2-3. 化粧品の原料

　化粧品に使われる原料は基本的に肌に対して安全であることが条件となります。食品や工業用など他の分野で使われているものと同じ原料でも肌に対する安全性が考慮されて精製されています。また化粧品は顔に使うものが多いので、匂いが不快でないように脱臭処理されている原料が多いのです。肌に安全で、使用性も快適になるよう、化粧品原料の精製度は高くなる傾向にあります。

　化粧品の基本的な原料は、洗浄目的なら洗浄効果のある界面活性剤、スキンケアなら水と油と乳化するための界面活性剤、メイクアップなら粉体と油となります。その他、トリートメント効果、製品の安定化、嗜好性などの目的で配合される原料がありますが、主な使用目的を考えて16に分類しました。ただしひとつの原料で複数の働きをもつものも多いので、分類が重複する場合も多々あります。

　現在、化粧品原料の採用条件としては安全性、安定性に優れ、規格が定められている、安定して供給できることなどがあげられます。その他、あまりにも高価格であったり希少価値であったりする原料は普及し難いのですが、例えばヒアルロン酸などのように、有用性が高い原料は何らかの生産技術開発により普及する原料もあります。

CHECK!

ヒアルロン酸の普及について

ヒアルロン酸は皮膚真皮にあり水分保持力の高い保湿成分として着目されていました。原料化された当初は、ニワトリの鶏冠から抽出されており高価な原料でした。ところが微生物で作り出すバイオ技術が開発されたおかげで、原料価格も下がり、現在のように普及したのです。

表 1.6　化粧品原料の使用目的別分類表

分類項目	機能
保湿成分	角層の水分を保持する成分。湿潤性、吸湿性、水溶性という特性がある。
エモリエント成分	角層の水分が蒸発しないようにガードする成分。水分蒸散防止、疎水性という特性があり、多くの油性成分が相当する。
美白成分	表皮に含まれるメラニン色素の密度を減らしたり、その状態を保持する成分。メラニン色素合成抑制、メラニン色素分解、抗酸化作用をもつ特性がある。
肌荒れ改善成分	健全な角層を育み保持する成分。消炎、角層代謝正常化、免疫反応抑制などの作用をもつ特性がある。
生理活性成分	皮膚組織を構成するさまざまな細胞や代謝の仕組みをサポートする成分。皮膚組織活性化、脂肪代謝コントロール、ホルモン様作用などの特性がある。
紫外線防御成分	紫外線から肌を守る成分。紫外線吸収、紫外線散乱または反射する特性がある。
収斂成分	肌を引き締めて、キメを細かく整える成分。角層タンパク質を収縮する特性がある。
角層柔軟成分	肌をしなやかで、柔軟に整える成分。角層タンパク質を溶解したり軟化する特性がある。
乳化成分	水と油を細かな滴状にして混合する成分。水と油の界面を流動的にしてお互いに混ざりやすくする特性、いわゆる界面活性効果がある。
洗浄成分	肌に付着したさまざまな汚れ成分を除去する成分。油汚れを界面活性作用で洗い流したり、何らかの物質に吸着して除去する作用がある。
安定化成分	乳化、ゲル化、分散化した状態を安定に保持する成分。および、さまざまな構成成分を酸化などによる変質から防ぐ成分。
防腐・殺菌成分	微生物による成分の変質を防ぐ成分。殺菌、静菌効果をもつ。
着色成分	肌や毛髪、爪などに色彩効果をもつ成分。あるいは光沢や表面の質感を変える光学的な特性をもつ成分。
溶媒成分	混合するために化粧品成分を溶かし込む成分。
その他の基剤成分	被膜形成、清涼、増量、エアゾール、毛髪コーティング、粉体コーティングなどの働きをもつ成分。
その他の添加成分	アルカリ剤、可塑剤、消泡剤などの成分。

1. 保湿成分

　保湿成分は肌表面や角層内で水分を吸収したり吸着したりして角層中の水分量を適正に保つ働きをもつ成分です。多くの場合、水に溶けるか水を吸収して膨らんだりする性質があります。もともと角層ができる時に作られるアミノ酸や有機酸、または汗に含まれている乳酸ナトリウム塩も保湿成分で、本来肌が持っているものなので天然保湿因子（NMF）と呼ばれています。化粧原料としてもアミノ酸や糖類、多糖類、タンパク質、多価アルコール類などがよく使われています。これらの成分を特徴的に含む植物エキス類も保湿成分としてよく使われています。

　一般的に保湿成分は、分子構造の中に水分子と親和性の高い親水基という部分を多くもっています。保湿成分は皮膚の角層に浸透すると角層中の水分をしっかりつなぎ止めて逃がさないようにするので、角層中の水分量を保つことができるのです。

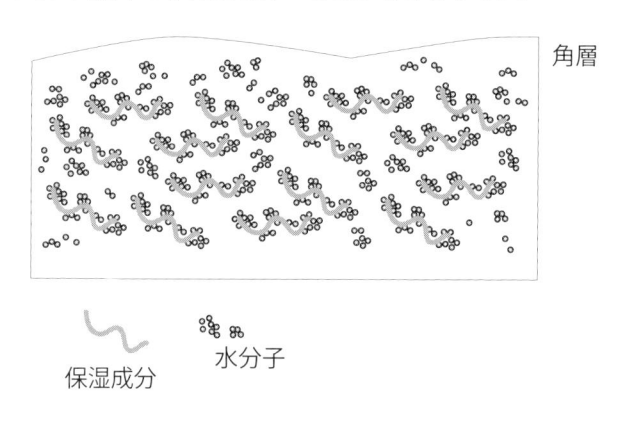

図1.28　保湿成分が水分子をつなぎ止めるイメージ図

CHECK!

NMFとは
Natural Moisturizing Factor（天然保湿因子）の略称です。

代表的な保湿成分

- セリン　ＮＭＦの三大成分のひとつで水分吸収力の強いアミノ酸です。
- 乳酸Ｎａ　ＮＭＦの三大成分のひとつで水分を吸収力の強い有機酸のナトリウム塩です。
- ＰＣＡ－Ｎａ　ＮＭＦの三大成分のひとつで水分吸収力の強い有機酸のナトリウム塩です。
- ヒアルロン酸Ｎａ　真皮に含まれている非常に水分吸収力の強い高分子有機酸のナトリウム塩です。
- グリセリン　水分吸収力の強い多価アルコールで他の保湿成分との組み合わせてよく使われています。
- 水溶性コラーゲン　真皮のコラーゲン線維の主成分コラーゲンというタンパク質を化粧品に配合しやすく加工されたやや分子量の小さなコラーゲンです。

（さまざまな植物エキス）

- アルテアエキス　アオイ科植物ビロウドアオイから抽出された保湿性成分を多く含むエキスです。
- ヘチマエキス　ウリ科植物ヘチマから抽出された保湿性成分を多く含むエキスです。

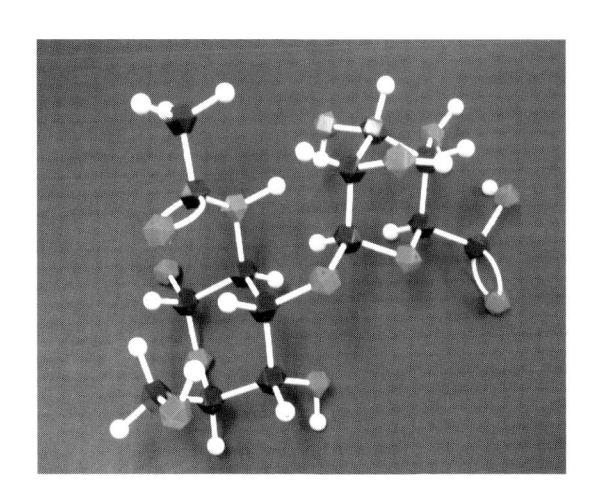

ヒアルロン酸の分子モデル

2. エモリエント成分

　エモリエント成分とは肌表面や角層内で水分が蒸発するのを防ぐ働きがあり、角層中の水分量を適正に保つ働きをもつ成分です。化粧品原料のうち油性成分にこの働きがあり、肌へのなじみや後肌の感触が良い成分が化粧品に配合されています。油なので水には溶けず、水が蒸発しないように蓋をするような働きをもちますが、化粧品に使われているエモリエント成分は通気性が良いものが選ばれています。皮脂に含まれている成分や角層ができる時に作られる細胞間脂質がよく使われていますが、植物や動物由来の精製されたオイルや石油や化学合成によって作られる安全性と使用性の良いオイルもよく使われており、これらの成分をさまざまに組み合わせ、感触や後肌実感の特長を出す処方研究も盛んに行われています。

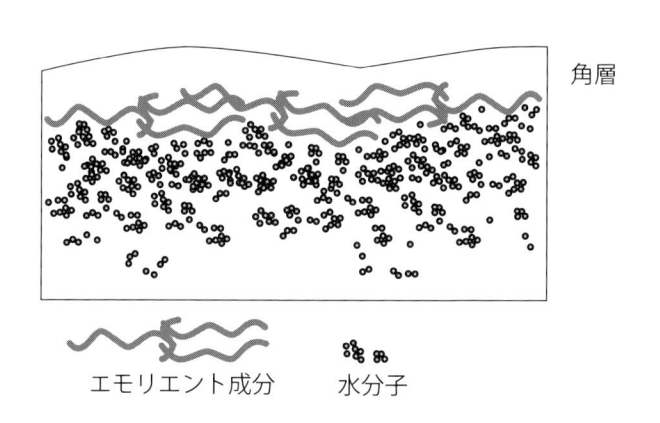

図1.29　エモリエント成分が水分子の蒸発を防ぐイメージ図

　化粧品による真の保湿効果とは、保湿成分とエモリエント成分をバランス良く角層になじませることで角層のバリヤー機能を補強することです。化粧品としては化粧水、乳液、クリームなどを組み合わせて使うことでスムーズな保湿効果を得ることができます。化粧品メーカーの多くがこれらのアイテムをスキンケアシステムに取り入れているのもそのような理由からだと言えます。

代表的なエモリエント成分

- **オリーブ油** モクセイ科植物オリーブの実からとったオイルで角層を柔軟にし水分保持力を高めます。
- **ホホバ油** シムモンドシア科植物ホホバの実や種子からとったオイルで肌なじみが良く、角層を柔軟にし水分保持力を高めます。
- **スクワラン** 深海サメの肝臓、またはオリーブ油などを精製して作られるサラッとしたオイルで、肌なじみが良く角層の水分保持力を高めます。
- **セラミド** 角層や毛髪の毛小皮に含まれるオイルで、動物や植物から抽出、化学合成などで作られています。角層や毛髪の水分保持力を強力に高めます。
- **ワセリン** 石油から精製された半固形状のオイルで、肌なじみは良くないが角層の水分保持力を強力に高めるのでクリームによく使われています。

セラミドの結晶

3. 美白成分

　美白成分とは肌の色合いを決めるメラニン色素を作り過ぎないようにしたり、多過ぎるメラニン色素を減らすようにコントロールする成分です。現在使われている多くの美白成分はメラノサイトの中で行われているメラニン色素合成反応をさまざまな過程で抑える働きをもっています。最近では皮膚の細胞から分泌されメラノサイトに合成を指令する成分をブロックしてメラニン色素合成を抑制する成分も多く発見されています。臨床的に美白効果が確認され厚生労働省に医薬部外品の有効成分として認められた成分が多く使われています。

　現在の美白用化粧品には美白メカニズムの異なる複数の美白成分を組み合わせて配合し、独自性のある製品化が行われています。

代表的な美白成分

- **アスコルビン酸類**　ビタミンCおよびその誘導体で水溶性の誘導体が多く、製品の中では安定な状態で含まれていて、肌に浸透して活性型のビタミンCに変化して美白作用を発揮します。
- **アルブチン**　コケモモなどの植物に含まれている美白効果のある成分で、原料としては化学合成により作られています。
- **コウジ酸**　味噌や日本酒を製造する時に使うコウジカビの培養液に含まれる美白効果のある成分です。
- **カミツレエキス類**　メラニン合成を指令する成分を抑えて美白効果を発揮する成分を多く含むカミツレの精製されたエキスです。

4. 肌荒れ改善成分

　肌荒れ改善成分とは肌のもつ自然な治癒力を助けて炎症を防ぐ働きをもっています。消炎成分として医薬品に使われている成分や生薬のエキスが日常的に使用できるように化粧品用として作られていたり、臨床的に炎症のメカニズムに有効性が確認されているものが含まれます。肌荒れ防止用の医薬部外品の有効成分は、炎症を抑制する効果が証明されている成分です。化粧品によって肌荒れを改善するためには、炎症を防ぐ成分に加え、保湿効果により健康な角層のバリヤー層を作り予防する成分との組み合わせが効果的です。

代表的な肌荒れ改善成分

- **グリチルリチン酸類**　マメ科植物カンゾウの根や茎から抽出された成分で、安定性や配合しやすさを考慮してさまざまな誘導体があります。炎症を抑える働きが強く、化粧品でも多く使用されています。

（さまざまな植物エキス）

- **ローマカミツレ花エキス**　キク科植物ローマカミツレの全草から抽出されたエキスで、生薬としてもよく炎症を抑える働きが知られています。

- **アルニカエキス**　キク科植物アルニカの花から抽出したエキスで、消炎効果、鎮静効果などの効果が知られている生薬です。

- **シソエキス**　シソ科植物シソの葉や茎から抽出したエキスで、消炎効果、収斂効果などの効果で知られています。

5. 生理活性成分

　化粧品は医薬品ではないので顕著な生理作用を与えることはあまりありません。しかし、近年、有効性に関する研究がなされ、生理活性効果が確認された成分を配合する化粧品は多くあります。その多くは継続使用により緩和な作用を少しずつ積み重ね、美しく健康な肌状態を維持するために使用されています。その他、現在の科学研究では解明されていなくても、民間薬や漢方薬として使用されていたことを根拠として、エキス化し配合することもあります。このように何らかの生理活性効果を期待して使用されているもので、美白、肌荒れ防止効果以外のものを生理活性成分として分類しました。

　生理活性としては、皮膚機能全体を活性化するものから表皮細胞やその他の細胞を活性化するもの、あるいは血液やリンパ液の循環を促進するもの、また育毛に関係するものなど、さまざまな種類が含まれます。

代表的な生理活性成分

- **レチノール類**　活性型のビタミンAおよびその誘導体です。健康な角層の代謝を促していると考えられて使われていましたが、このところ真皮の線維芽細胞への働きが着目されています。
- **オタネニンジンエキス**　ウコギ科植物オタネニンジンの根から抽出したエキスです。漢方薬や民間薬として長寿や健康維持の目的で使われて、皮膚機能全体の活性化目的で使用されています。
- **トウキエキス**　セリ科植物トウキの根から抽出したエキスで、消炎効果、血行促進効果などの効果が薬理学研究で認められています。漢方では婦人薬の処方で知られています。
- **パンテノール**　パントテン酸の誘導体で毛髪の成長を促す効果が知られており、育毛効果の薬用頭髪製品によく使われています。

6. 紫外線防御成分

　有害な紫外線のＢ波とＡ波から肌を守るために配合される成分です。守るメカニズムとして、紫外線を反射するものと紫外線を吸収してエネルギーを弱めて放出するものという２通りがあります。また紫外線Ｂ波やＡ波を単独に防ぐものと、両方の波長の紫外線から防ぐものがあります。多くの場合、紫外線防御成分は単独で使われるより、数種類を適切に組み合わせて製品化されています。紫外線防御化粧品は汗をかきやすい環境で使用されることから汗や皮脂によって流れたり落ちたりしないような処方が研究され続けているので、持続性の高い製品が増えています。最近では、粉体の表面に微粒子酸化チタン粉体などをコーティングした複合粉体も増えています。

　紫外線防御能に関しては強さの指標があり、Ｂ波紫外線に関してはＳＰＦ値（最大 50 ＋）、Ａ波紫外線に関してはＰＡ値（＋〜＋＋＋）があります。

代表的な紫外線防御成分

- **オキシベンゾン類**　紫外線Ａ波とＢ波の両方を防ぐ紫外線吸収タイプの成分です。水には溶けず、アルコールやオイルに溶かして処方されます。
- **メトキシケイヒ酸エチルヘキシル**　紫外線Ｂ波をしっかりと防ぐ紫外線吸収タイプの成分です。オイルに溶かして配合されています。
- **微粒子酸化チタン**　紫外線Ａ波とＢ波の両方を防ぐ紫外線反射タイプの成分です。粉体ですので均一に肌の上に伸びるように処方されて製品化されています。
- **板状酸化亜鉛**　紫外線Ａ波を防ぐ紫外線反射タイプの成分です。板状の粉体ですので、広く均一に伸び広がるように処方されて製品化されています。

7. 収斂成分

　収斂成分とは、角層になじんだ後で角層を収縮させることにより肌のキメを引き締めて整える働きをもっています。角層は主にケラチンというタンパク質でできたシート状の角層細胞が重なり合った構造になっていますので、タンパク質を収縮させることで引き締めます。その他、水分を含むことで角層が膨潤し、その後で水分が蒸発することでも収斂作用があります。アルコールをつけてその後で起こる引き締め効果はその作用によるものです。収斂効果を主体としたアストリンゼント化粧水は、一般の化粧水よりアルコールを高濃度に含んだベースにさまざまな収斂成分を配合して作られています。

代表的な収斂成分

- クロルヒドロキシＡＬ　アルミニウムの誘導体で、強い収斂効果をもっているのでデオドラント製品に使用されています。
- クエン酸　果物に多く含まれている有機酸のひとつで、適度な収斂効果をもっていますので多く使われています。クエン酸Ｎａと組み合わせてｐＨ調節機能ももっています。
- チャ葉エキス　ツバキ科植物チャの葉から抽出されたエキスで、タンニンを特徴的に含んでいますのでマイルドな収斂効果をもっています。
- ハマメリスエキス　マンサク科植物アメリカマンサクの葉や樹皮から抽出したエキスです。タンニンを特徴的に含み、肌の引き締め効果があることから広く使われています。

8. 角層柔軟成分

　角層柔軟成分とは、角層になじみ、主成分のケラチンというタンパク質を部分的に分解したり、線維構造を弛めたりして柔軟にします。作用が強いと角層細胞を剥離することもありますが、化粧品には安全性を十分考慮して配合されています。主に肘、膝、踵などの硬くなった部位を柔軟にするトリートメントや、乾燥してゴワゴワした状態を解消する目的の製品として使用されています。

　古くなった角層細胞が剥離しないで積み重なることで肌がゴワゴワになるという概念がありますが、この古くなった角層細胞を剥離させる目的で角層柔軟成分が配合された化粧品もあります。ただし日々のスキンケアが正しく行われているような健康な肌には、そのような角層細胞を剥離させることはあまり必要はないものと考えられます。

代表的な角層柔軟成分

- **サリチル酸**　角層のケラチンタンパク質の構造を分解する作用が強い成分で、医薬品としてはイボやウオノメを除去する目的で使用されています。化粧品には強さを加減して使用されており、ニキビ防止や硬くゴワついた角層を柔らかく整えます。
- **乳酸**　角層を柔軟にする効果に優れており、柔軟効果を訴求する製品に使用されています。水酸化ナトリウムなどのアルカリ成分を配合すると調和して角層柔軟効果より保湿効果の方が強まります。
- **パパイン**　パパイヤの果実から抽出精製された成分で、本質はタンパク分解酵素です。ケラチンタンパク質を分解して古い角層の剥離作用をもっています。洗顔料や洗い流しのパックに使用されています。

9. 乳化成分

　乳化成分とは溶け合わない水と油を分散・混合する成分です。このように分散・混合するとミルクのように白くなるので乳化と言います。水の中に油を分散させるか、油の中に水を分散させるかによりできあがる乳化物の性質が違います。乳化して作られている多くのクリームや乳液は、水に溶ける成分は水に溶かし、油に溶ける成分は油に溶かして乳化させています。乳化のメカニズム的は水と油の境目、つまり界面と言いますが、その安定している界面を活性化して流動化することで混ざり合いますので、乳化成分は界面活性剤と呼ばれています。ところが界面活性剤はとても幅広い作用特性を持っている物質の総称なのです。石けんや食器洗剤も界面活性剤が使われていますが、乳化化粧品に使われている界面活性剤は使用上の安全性を十分に考慮して選ばれており、配合量も乳化に必要な適正量で使われています。

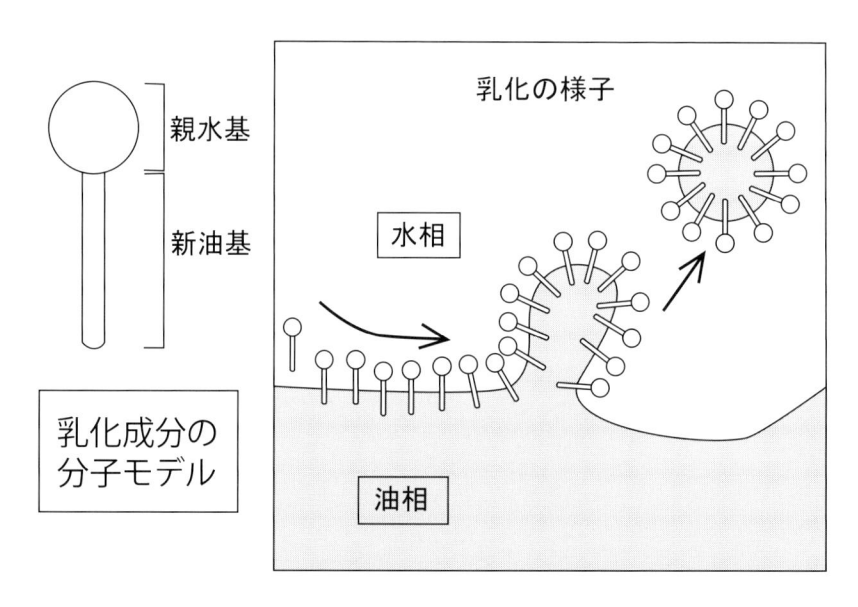

図1.30　乳化成分による乳化のイメージ図

代表的な乳化成分

- **ステアリン酸**　ヤシ油から精製して作られた油性原料ですが、水酸化ナトリウムなどのアルカリ成分と混合することにより乳化成分として使用されています。
- **セスキ脂肪酸ソルビタン類**　脂肪酸と糖アルコールとの化合物で、乳化を助ける目的で使われている成分です。
- **脂肪酸グリセリル類**　脂肪酸とグリセリンの化合物で、乳化を助ける目的で使われている成分です。
- **レシチン**　卵黄などから精製されて作られるリン脂質で、乳化を助けたり、粉体の分散・混合に使われている成分です。細胞膜もリン脂質で作られていることから生体親和性が着目されている乳化成分です。

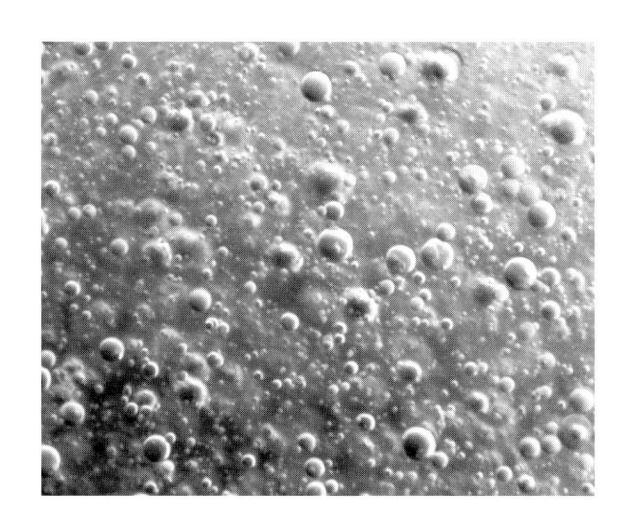

乳化物の顕微鏡写真

10. 洗浄成分

　洗浄成分とは、肌や毛髪など人体の表面についた汚れ成分を水または湯で洗い流したり、コットンやティッシュなどで拭き取ることを助けます。化学構造としては油になじむ親油基の部分と水になじむ親水基の部分の両方持っており、いわゆる界面活性剤です。古くから汚れを落とすのに使用されている石けんも脂肪酸とアルカリ剤の化合物からなる界面活性剤なのです。一般的には、界面活性剤といえばすべて洗浄成分と思われていますが、洗浄剤とは、界面活性剤の中で洗浄効果の優れている成分を指します。洗浄効果のある界面活性剤はたくさんの種類がありますが、化粧品に使用されているものは、定められた使用方法で安全性が確かめられています。

　洗浄成分の中には汚れを落とすことに優れているものや、泡立ちに優れたもの、あるいは洗い流した後肌をしっとり仕上げるものなど、さまざまな特性をもつものがあり、多くの洗浄用化粧品はそれらの洗浄成分を組み合わせて作られています。

代表的な洗浄成分

- **石けん素地**　植物油や動物油から作られた脂肪酸のナトリウム塩です。いわゆる昔から作られている石けんと同じ成分ですが、化粧品原料として安定した物質特性をもつように調整して作られています。
- **アルキル硫酸エステル塩類**　ラウリルアルコールなどの硫酸エステルとナトリウムやカリウムなどの塩です。洗浄力や泡立ちに優れているので、シャンプーなどによく使われています。
- **アシルグルタミン酸塩類**　アミノ酸のグルタミン酸とステアリン酸やヤシ油脂肪酸などのアルカリ塩類との化合物です。アミノ酸系洗浄成分としてよく使われています。
- **ラウリルベタイン**　ラウリン酸やアミノ酢酸ベタインなどから合成される洗浄成分です。幅広いｐＨで安定性が高く、低刺激などの特性がありよく使われています。

11. 安定化成分

　安定化成分とは化粧品の形状や性状を安定に保ち品質を確保するために使われています。たとえば、クリームや乳液などの乳化物の場合は高分子ゲルのようにゼリー状の性質をもっている成分を配合します。その他、乳化物自体を安定にするために固形オイルを適量配合したり、乳化成分の働きを補助したりします。また、酸化しやすい成分に対しては酸化防止効果のある成分を配合します。光に対する安定性においては紫外線吸収成分もその役割を果たします。このように、他の分類に含まれる原料でも、その働きが製品の安定化に有用なものも多いのです。

代表的な安定化成分

- **カルボマー**　アクリル酸系の水溶性高分子で、アルカリ剤と中和すると増粘するので、乳化を安定にしたり、透明なジェルを作るのに使用されています。
- **キサンタンガム**　キサントモナス属の菌類を培養して得られた多糖類で、増粘するため化粧水や美容液のコク感や粘性を出すのに使われます。また保湿効果も高いので保湿目的の製品にも使われています。
- **セタノール**　ヤシ油から精製された高級アルコールで、乳化の安定性を高めるオイルです。使用感を良くすることからもクリームや乳液によく使用されています。
- **ＢＨＡ**　ブチルヒドロキシアニソールという化合物で、酸化防止効果があります。

12. 防腐・殺菌成分

　防腐・殺菌成分とは主に化粧品の中身が微生物により腐敗や変質を起こさないようにする成分です。化粧品を使用する時に微生物が化粧品に混入しても増殖したりしないようにします。誤解されやすいことは、微生物とはいえ生物に対して抑制的に働くので生体や肌に危害があると思われていることです。現在使用されている防腐・殺菌成分は、製品の処方により、できる限り少ない量で有効な配合方法の研究が進んでいるので、安全性に関しては十分に考慮されています。

　殺菌効果の強い成分はニキビの原因となるアクネ菌やフケ・カユミの原因となる頭皮の有害な菌の繁殖を抑えてくれるので、ニキビ予防やフケ・カユミ予防の目的で洗顔料やシャンプーなどに配合されています。

代表的な防腐・殺菌成分

- **パラベン類**　最もよく使用されている防腐成分でメチルパラベン、ブチルパラベンとたくさんの種類があり、製品の処方により配合特性や抗菌特性で組み合わせ使用されています。
- **フェノキシエタノール**　パラベンがかつて表示指定成分だったので、防腐成分として表示指定のない防腐・殺菌成分として使われていました。現在では、パラベン類との併用でより効果的な配合方法が採用されています。

13. 着色成分

　着色成分とはメイクアップ製品の着色効果を出すために配合される成分と、スキンケア製品の中身に着色するための成分があります。メイクアップ製品においては有色の成分と無色の成分があります。有色の成分としては酸化鉄のような赤〜黄色の粉体とタール色素のような顔料のタイプと、雲母などの光沢のある粉体に着色したものなど、多くの種類があります。その他、白色粉体の酸化チタンや酸化亜鉛などの粉体も発色を高める着色成分として分類されています。無色の成分としては、仕上がりのツヤを出したり、透明感を出したりするタルクやカオリンなどの粉体があります。

　スキンケア製品に使用されている着色成分は極微量で発色効果があるタール色素が使われています。これらタール色素は食品添加物としても使用されていますが、皮膚に対する安全性の高いものが選ばれています。また発色効果が弱く退色しやすい天然色素も自然なイメージを訴求するために使用されています。

代表的な着色成分

- **酸化鉄**　鉄の酸化物ですが、色彩も赤、黄色、茶色、黒色と種類も多く、化学的に安定な物質なのでファンデーションを主体としてよく使われています。
- **酸化チタン**　化粧品原料の中で最も白色度の強い粉体で、メイクアップ製品には欠かせない原料です。カバー力や他の着色成分の発色を高めます。
- **カオリン**　含水ケイ酸アルミニウムという鉱物で、発色性はありませんが、メイクの付着性を高めたり、透明な質感を出すために使われています。
- **タルク**　柔らかい鉱物である滑石を粉末にした粉体で、ファンデーションやパウダー類の肌へののび広がりを良くします。

14. 溶媒成分

　溶媒成分とは、化粧品の固形成分を溶かして混ぜやすくする成分です。ネイルエナメルやフィルムパックのように溶媒成分が揮発性だと、つけた後でフィルム状になります。またクエン酸やグルコースなどの結晶状の成分を水に溶かして混ぜますので、その意味では水も溶媒成分と言えます。

代表的な溶媒成分

- **水**　化粧水や美容液を始め、成分の中で最も多量に使われていますが、化粧品原料の中では水に溶けたり分散するものが多いのです。
- **アセトン**　ネイルエナメルの皮膜を溶かすので、リムーバーに使用される揮発性の原料です。
- **酢酸エチル**　ネイルエナメルの皮膜を作るニトロセルロースの溶媒として使用される原料です。

15. その他の基剤成分

　その他の基剤成分というのは、化粧品のベースを作るために使われる成分です。ネイルエナメルなどの皮膜を作る成分、スクラブ成分、粉体や毛髪の表面をコーティングする成分、清涼感を与える成分、エアゾール用の液化ガスなどの成分と多種類あります。

代表的なその他の基剤成分

- **ニトロセルロース**　植物繊維のセルロースの誘導体で、代表的なネイルエナメルの被膜形成剤として使われています。
- **アルキッド樹脂**　水に強い皮膜を作るのでネイルエナメルにニトロセルロースと一緒に配合されています。
- **アミノ変性シリコーンポリマー類**　毛髪のケラチンタンパク質と相性の良い高分子なので、毛髪のコンディショニングを整えるために配合されています。
- **ＬＰＧ**　プロパン、ブタン、ペンタンなどの液化ガスの混合物です。エアゾールの噴射剤として広く使われています。

16. その他の添加成分

その他の添加成分とは、今までの分類カテゴリーに含まれないが、化粧品を作るために何らかの役割を持って配合されている成分です。製造の攪拌工程で発生する泡を消すための成分や、脂肪酸やアクリル酸系高分子の中和剤としてのアルカリ剤などがあります。

代表的なその他の添加成分

- **テトラヒドロテトラメチルシクロテトラシロキサン**　シリコーン系の物質で、製造工程で発生する泡を消す効果に優れているのでスキンケア製品やメイクアップ製品に広く使われています。
- **水酸化Ｎa**　ステアリン酸やラウリン酸などの脂肪酸と塩を作り、洗顔料や乳化物を作る界面活性剤として使われています。その他、ジェル状化粧品などのようにアルカリ中和でゲル化する高分子との組み合わせでも使われています。

---

column

アルカリ剤の役割

化粧品に化学反応をするものはほとんどないのですが、製造する過程ではよくあります。代表的な例としては、脂肪酸と水酸化ナトリウムによる中和反応で、石けん成分を作り、油と水を乳化してクリームや乳液を製造していることなどがあげられます。

界面活性剤に対する誤解

　界面活性剤と言えば、すぐに台所の洗剤を思うでしょうが、実は非常に多種多様な物質が含まれているグループなのです。だから皮膚刺激性や毒性の高い物質から低刺激性で安全性の高いものまでさまざまなのです。界面活性剤は汚れと結びついたり、乳化したり、吸着したりすると皮膚刺激性が低下する場合もあります。化粧品に使われている界面活性剤は想定された使用方法において安全性を十分に考慮して、配合量や組み合わせが決められています。

同じ原料名でも、内容や性質が違うことがある

　化粧品原料は単一物質でも複合物質であっても複数の作用をもっていることが多く、使用目的により配合量や組み合わせる原料を適切に選んで処方されています。例えば美白成分のビタミンC誘導体は酸化防止効果もありますので、酸化して変質しやすい成分の安定化の目的でも処方されています。特に植物エキスは生理活性成分を多種類含みますので多種類の働きをもつものも多いのです。この点からも、全成分表示による原料情報を見て、原料の使用目的がすべてわかるものではないのです。

2-4. 化粧品の処方

多くの化粧品はひとつの原料では作られていません。それぞれの働きをもった複数の原料を組み合わせて作られています。このような原料の組み合わせを処方と呼んでいます。参考として、バニシングクリームの処方を示します。

表 1.7 バニシングクリーム（O／W型）の処方例

	原料名	配合量	分類区分（配合目的）
油系原料	ステアリン酸	8〜10%	乳化成分（アルカリ塩として）
	ステアリン酸グリセリル	2〜4%	乳化成分
	セタノール	3〜5%	安定化成分
	ミネラルオイル	5〜10%から	エモリエント成分
	ホホバオイル		エモリエント成分
水系原料	BG	3〜5%	保湿成分
	グリセリン		保湿成分
	ヒアルロン酸 Na（1％水溶液）	1〜5%	保湿成分
	水酸化カリウム	0.4〜0.5%	アルカリ成分（ステアリン酸と塩を作り乳化成分となる）
	目的に応じた生理活性成分	適量	生理活性成分（美白、消炎など）
	防腐・殺菌成分	適量	防腐・殺菌成分
	香料	適量	芳香特性を与える
	精製水	加えて100%とする	

化粧品の処方を理解する

化粧品の処方を考える時に一番わかりやすい例えが料理のレシピです。化粧品の多くは複数の化粧品原料を組み合わせて作りますが、料理も同じように複数の食材を組み合わせて作ります。たとえ同じ組み合わせの化粧品原料が使われていても、配合量や混ぜる方法が違うとできた化粧品の形状や感触、あるいは効果も違ってくるものです。この点は料理でも同様のことが言えます。このように化粧品原料を組み合わせる配合比率が化粧品の特性を決定するのです。処方は料理でいうレシピに相当し、化粧品開発者が最もこだわりをもつ技術ということができるでしょう。

また化粧品の原料を混ぜる時に、加熱したり攪拌したり、時には真空条件下で行ったり、さまざまな方法がとられますが、処方を基に化粧品として作るまでの工程も重要となります。現在の化粧品は繊細な処方と工程で作られるものも多くなり、このような技術の発達が新しい化粧品を生んでいるのです。これらの製造工程も計量ミスがないように、衛生管理がなされた厳密な工場で製造されているのです。できあがった後にも厳しい検品工程を経て、管理された倉庫で保管されたのちに市場へ出荷されています。

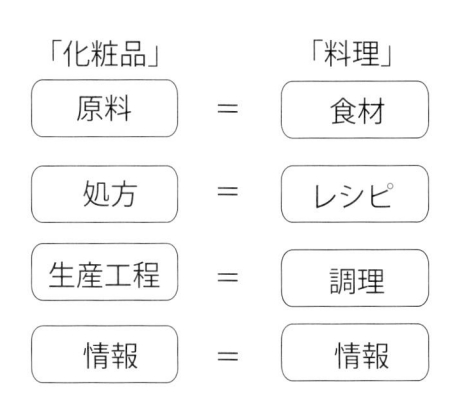

「化粧品」		「料理」
原料	=	食材
処方	=	レシピ
生産工程	=	調理
情報	=	情報

図 1.31　化粧品と料理の相違点

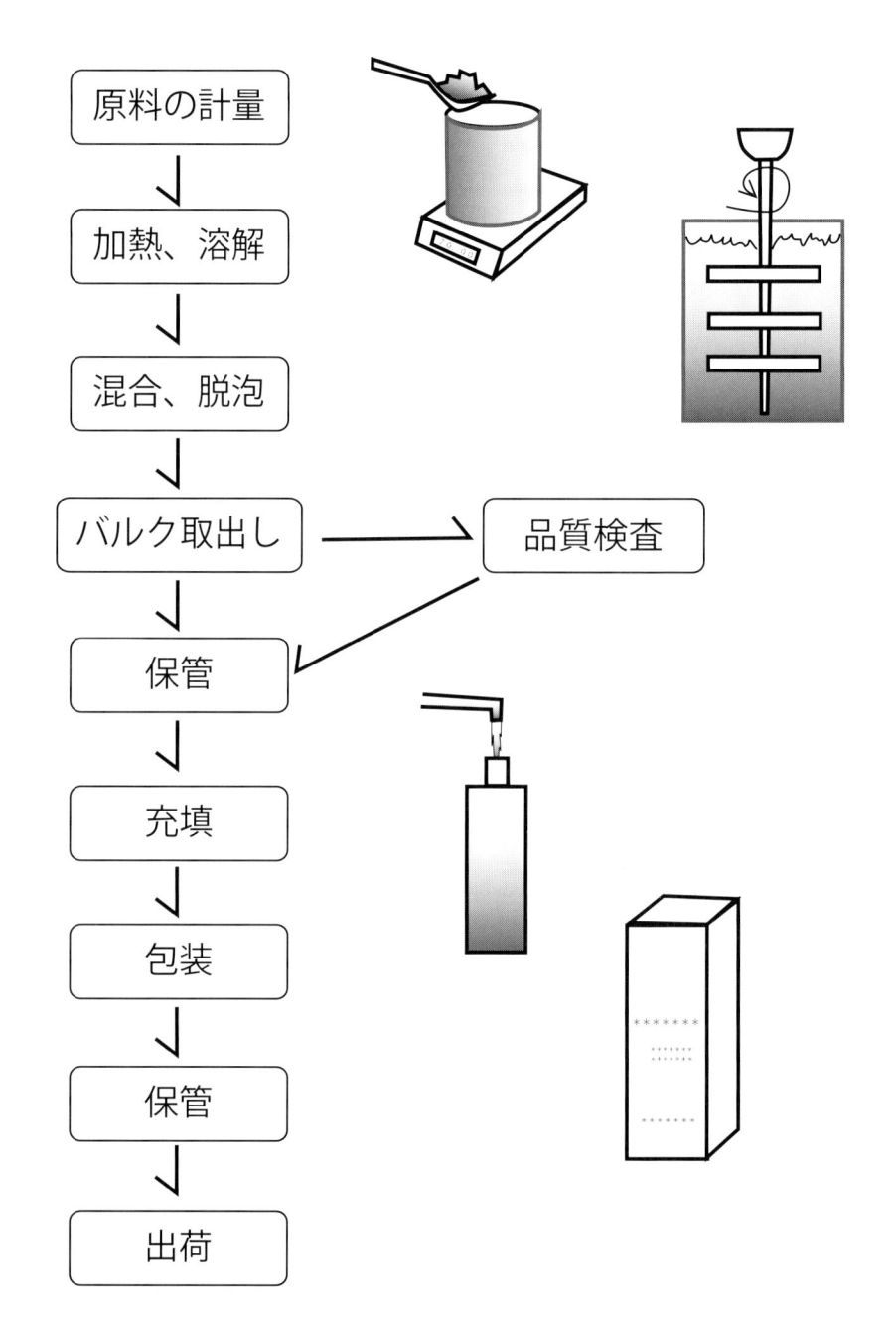

原料の計量
↓
加熱、溶解
↓
混合、脱泡
↓
バルク取出し → 品質検査
↓ ↙
保管
↓
充填
↓
包装
↓
保管
↓
出荷

図 1.32　化粧品の製造工程

化粧品の原料はそれ自体でも安全性が高いものを使用しています。たとえ原料それ自体に刺激性があったとしても、処方にて十分な安全性を考慮して有用性とのバランスをとり作られています。そのため化粧品原料の安全性を議論する場合には、あくまでも配合量や使用方法まで考慮しなくてはならないのです。例えば、水酸化ナトリウムは強アルカリ性の物質で、その水溶液は角層を溶解します。しかしカルボマーという酸性の増粘性高分子と中和させるとゲル状になり、肌への刺激性も無くなります。

　化粧品の全成分が表示されるようになってから化粧品の品質や機能、あるいは安全性までも成分表から判断できるとの誤解が生まれています。実際に原料を扱ったことがあるか、または化粧品の処方を設計してつくった経験がなければ、全成分を見て化粧品を的確に論じることはかなり難しいことなのです。表示の規則では配合量の多い順序で記載することになっていますが、例えばアルコールを3%配合するのと10%配合するのでは感触や肌への働きもかなり違うのですが、全成分表示からの推定はとても困難です。全成分表示の意味は化粧品の品質などを知る目的ではなく、アレルギーなどで使用を控えなければならない成分が配合されているのかどうかを確認して未然に肌トラブルを避けるためであることを、しっかりと認識することです。

2-5. 化粧品の使用方法

　化粧品は使用方法を考慮して開発されています。使用量、洗い流しかそのままなじませるのか、手使用なのかコットン使用なのかなど、使用方法は重要です。だからこそ能書に書かれている使用方法はきちんと読んでその通りに使った方が製品の機能を十分に引き出せるのです。化粧品の能書は、開発者からの熱いラブレターなのです。

正しい使い方とは

　化粧品の機能を最も有効に引き出し、快適な使用性を得るためには正しい使い方をすることがベストです。能書きやパンフレットに書かれている使用量や使用する順序は、ある程度の目安です。正しいと言ってもある程度の幅があります。それは肌の性質や顔の大きさや骨格による形状の違いもあるので、そのような個人差を考慮しての使用方法を考える必要があります。

　基本的には、洗い流すものは必ず洗い流し、ティッシュやコットンで拭き取るものは必ず目安の時間内に拭き取るというとことを守れば問題はありません。

　使用する順序に関しては、化粧品の開発段階で、使用順序を厳密に考慮している製品もあるので、まずは指定通りに使い、後ほど違う順序で確認をすると良いでしょう。もし、使用感や使用効果も変わらなければ、製品の特性上どちらでも良いということなので、自分の使いやすい方法を選んで良いと思います。

　化粧水や乳液をコットンで使う化粧品も多いのですが、コットンの大きさ、厚さ、柔らかさ、きめ細かさなどメーカーやブランドによりかなり違います。この場合も指定されたものがあればそのコットンを使用してみて最終的に選ぶと良いでしょう。この場合はかなり個人の嗜好性がでるものです。しかし、ファンデーションや粉白粉などのメイクアップ製品ではパフやスポンジ、あるいは筆の影響が強いので、指定されたものを使用する方が高い満足度が得られます。

能書と使い方、開発者の思い

　化粧品は拭き取りや洗い流しをするもの以外では、肌に付けっぱなしにしていても安全性上は問題がないものですから、どのような使われ方をしても大きな肌トラブルを生じることはないと言えます。しかし、製品の効用を十分発揮するには、やはり開発段階から考慮されている適切な使用方法が良いのです。また、能書に書かれている使用方法が数通り書かれていて、マッサージやパックとして使うことにより、一層効果を高める使用方法が書かれている場合があります。その方法も十分に効果を発揮できる方法なので時間的余裕や最大効果を引き出したい時に使用すると良いでしょう。

　よく化粧品の裏技的な使用方法がメディア情報や口コミで流れますが、使用方法は開発者のこだわりであるだけに、必ずしもそのような使用方法が製品の良さを引き出すものとは言えません。時には開発者も予期しないほどの効果実感を得る方法もあるのですが、逆に肌トラブルを招くような方法も見受けますので気をつけて欲しいものです。

　能書は一枚の紙に書いてあるものや、箱や容器に印刷してあるものまでさまざまな形状があります。その限られたスペースに、製品名、製造販売業者の名前や住所をはじめとした薬事法で定められている記載義務情報や製品特徴、使用方法、注意事項など必要な情報が工夫して納められています。

2-6. 化粧品の保管方法

　化粧品は未開封の状態であれば約3年くらいは安全かつ快適に使用できるものです。しかしこれは保管条件によりかなり異なってきます。一般的には冷暗所と言われる直射日光が当たらないドレッサー内や引き出し、あるいは温度の高くならない場所に置かれた箱の中が適切でしょう。日本で作られている場合、40℃くらいの高温でも安定性が保持されるように考慮してあります。

　一度開封されたものは、中身の水分などの揮発成分が蒸発しないようにフタやキャップなどをしっかりと閉めておきましょう。防腐剤無添加でなければ使用中に入った雑菌により腐敗や変質を起こすようなことは少ないでしょう。化粧品はできる限り清潔に使用すると長く使えます。例えば、クリームで専用のスパチュラがついていればそれを使い、使用後はよく拭いて保管します。再び使用する際に臭いが変わっていたり、かなり変色していたり、ベース形状が変化していたら使用は避けた方が良いでしょう。安全性はともかく快適な使用条件が損なわれた時は化粧品としての効用は半減します。

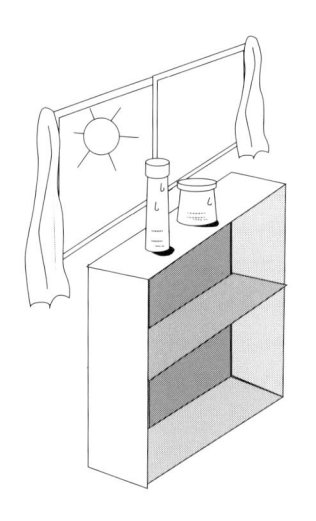

図1.33　間違った保管方法

❦ 化粧品を不安定にする要因とは

　光、特に紫外線は化粧品成分の変質をたびたび起こします。温度条件も高温になるほど酸化反応などの化学反応が促進されますので、安定に作られているといえども少しずつですが変化します。このような化粧品が置かれる可能性のある中で最大限の安定性を保つように考慮して作られているのですが、やはり快適に化粧品を使うためには冷暗所保管が最も良いのです。冬期の暖房の効いた部屋のように高温と低温が繰り返されるような環境下に置かれると、クリームや乳液などの乳化物は不安定になりやすいので注意が必要です。

　ただし、冷暗所と言っても、冷蔵庫に入れなければならないというわけではありません。

保管後、再使用する時の簡単なチェック方法

1）腐ったり、酸っぱいような臭いがする　→使用不可

2）褐色に変色していたり、糸くずのような浮遊物や沈殿がある　→使用不可

2-7. 化粧品の安全性

　薬事法で化粧品は作用が緩和であると定義の中で書かれているように、化粧品は肌や体に対して安全であることは必要十分条件です。現在のように化粧品の安全性が高くなったのも、今までの安全性研究の成果を絶えず取り入れながら作られているからです。化粧品原料の安全性から処方された製品としての安全性まで十分に考慮されて開発されています。

1. 化粧品による危害とは

　本来、化粧品は皮膚を健康に保つための製品ですが、さまざまな物質から構成されていますので、皮膚に対して刺激を与えることもあります。しかし現在の化粧品はできる限りそのような皮膚トラブルが起こることがないように慎重に作られています。1970年代には化粧品による皮膚トラブルが社会問題にもなりましたが、このような事件をきっかけに化粧品メーカーは協力し合って安全性の高い化粧品作りへと技術開発を進めてきたことも、現在の安全性の高い化粧品の供給に貢献しています。

　とはいえ、皮膚は個体差も環境差もあり、不幸にして化粧品が原因で皮膚トラブルを生じることもあります。そのような皮膚トラブルの主なものを表1.8に示します。

表1.8　化粧品による主な皮膚トラブルの種類

1. 接触性皮膚炎	いわゆる化粧品かぶれで、化粧品をつけた部位が赤くかぶれた状態
2. 接触皮膚アレルギー	化粧品に含まれるアレルギー物質により、つけた部位に強く長引く炎症が起こること 強い痒みを伴うことが多い
3. 女子顔面黒皮症	今ではあまり発生していないが、強度で長引く炎症を起こした後にできる黒いシミのような色素沈着のこと

化粧品という物質だけが皮膚トラブルの原因だとは限りません。最近でも多いのは化粧品の間違った使用法や肌状態と合っていない化粧品の選択が原因のひとつであることも多いのです。特に目立つことは、化粧品を使用する時の過度の摩擦です。古い角層を除去して新しい角層に早く入れ替わることを目的とする場合が多いようですが、角層のバリヤー構造を壊して刺激の原因となる物質を皮膚内に浸透させるような危険な行為も問題となっています。その他、保湿に関する正しい認識を持たず、水分だけを多く補給し、本来必要な油分を補給するアイテムを使用せず、結果として乾燥しやすい角層になり、バリヤー構造を弱めて、刺激の原因となる物質を皮膚内へ浸透させることもあります。

---

column

過度の摩擦のレベル

肌が赤くなって、次に使用する化粧品がしみるのは過度の摩擦です。心地良いマッサージやコットンの使用であれば、肌は大丈夫なものです。

2. 安全性の歴史的な変遷、法律など

　1970年代は化粧品による皮膚トラブルが社会問題となり、これがきっかけとなり化粧品の安全性が原料から処方、そして使用者の使用実態まで徹底的に研究され、より安全性を求めて努力が始まりました。今まで使っていた原料だから安全だと思っていたものも不純物が原因で皮膚トラブルを起こしていたことや、原料の配合量と安全性の関係や、さまざまなことが発見され、次々と安全性を高めるための技術開発が進んだ時代です。

　1994年には法律的にもPL（製造物責任）という法律もでき、化粧品も含めたすべての製造物の消費者に対する責任は製造者側にあると明確にされましたので、より安全性に対しては厳しい取り組みをしてきています。また2001年には化粧品の原料をすべて表示する義務が制定され、また2005年には薬事法も改正され、安全性に関しては製造販売をするメーカーとして基本中の基本として販売者責任の考えが定着してきました。

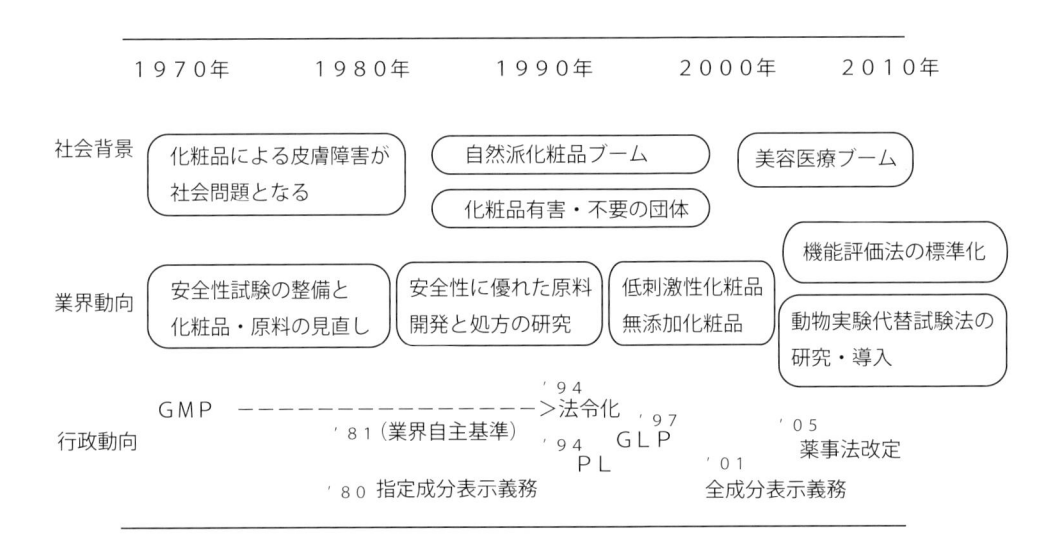

図1.34　化粧品の安全性を巡る歴史的な変遷

3. 肌に合い、安全な化粧品の選び方

　化粧品によるトラブルが少なくなったのは、化粧品自体の安全性が高くなったのと同時に、能書や容器に書かれている注意書きと、不幸にして化粧品のトラブルが起こった時の化粧品販売者やメーカーのお客様相談窓口の対応方法が改善されたことが大きく貢献しています。

　肌に合った化粧品を選ぶコツは、やはり経験に頼ることが無難です。今まで使用していて安全で安心でき、効果的にも満足していて、なおかつ感触や香りも好きだったら、同じ傾向の製品を選ぶことが良いのです。しかし、同時に新しいものを試したくなることもありますので、その時はサンプルから試すことをおすすめします。パンフレット情報や販売時のていねいな解説も重要で、製品への期待感と正しい認識があれば、意外と肌や自分の感性に合うものです。

セルフパッチテストの方法と注意

　もし初めて使う化粧品が肌と合っているかどうかを確認したければ、自分で行うことができるセルフパッチテストがあります。夜、風呂かシャワーを浴びた後で、上腕の内側の水気をよく拭き取り、500円硬貨くらいの範囲に化粧品がなじみきる程度に付けます。そして翌日の朝に反応をみて、赤くなっていたり、ブツブツができていなければ、ほぼ安心して使えるものです。ただし、洗顔料などは洗い流すものなので、この方法は使えませんので、洗い流す化粧品は一度手や腕に使ってみると良いでしょう。

妊娠と肌の感受性

　いつも使用している化粧品が、ある日突然、肌に合わなくなることも時々あります。体調が悪くて肌が敏感になることがあります。意外と多いのが妊娠初期に肌が敏感になることです。いずれの場合もその時は使用を一時中止して様子を見ることが基本になります。それでも炎症が治まらない時は迷わずに皮膚科医に正しい診断と治療をしてもらうことが大切です。

3. 化粧品と法律

　化粧品は日常的に使われる製品であるがゆえに有効性や安全性に関して法律で定められています。薬事法第2条第3項に化粧品の定義が書かれています。
　「人の身体を清潔にし、美化し、魅力を増し、容貌を変え、又は皮膚若しくは毛髪をすこやかに保つために、身体に塗擦、散布その他これらに類似する方法で使用されることが目的とされている物で、人体に対する作用が緩和なものをいう。ただし、これらの使用目的の他に、第一項（医薬品の定義）第二号又は第三号に規定する用途に使用されることもあわせて目的とされている物及び医薬部外品を除く。」
　また医薬部外品の範疇に含まれる薬用化粧品は、薬事法で「化粧品に規定する目的の外に、ニキビ、肌荒れ、かぶれ、しもやけの防止又は皮膚或いは口腔の殺菌消毒に使用されるものであって、人体に対する作用が緩和なもの」と定義され、デオドラント、育毛剤、美白剤なども含まれます。

薬事法の解釈

　薬事法の記載されている内容を解釈すると、化粧品の主目的は身体や皮膚、毛髪を清潔にし、美しく健康な状態に保つためにつけて使用するものです。

間違った化粧品の使い方

　能書に書かれていない方法で、特別の使い方をすると、本来の化粧品の効用が得られないばかりか、かえって皮膚にトラブルを起こすことがあります。また、以下に示す使用方法は薬事法から逸脱しています。

1) 勝手に化粧品を複数混ぜて使う。
2) 化粧品の中にエッセンシャルオイルとか新たに何らかの成分を添加して使用する。

薬事法を逸脱した訴求をしている化粧品には注意が必要です。具体的には、薬事法では認められていない過大な美容効果を、パンフレットや広告で訴求している化粧品には、例え皮膚トラブルが発生していなくても、期待する効果に対して失望することの影響が大きいでしょう。もちろん経済的な損失感も無視できません。

表 1.9　薬事法を逸脱した美容効果の訴求事例

広告の媒体	表示内容	解説
インターネット	真皮をなすコラーゲンやエラスチンを理想の 28 日周期で再生します。	化粧品として表現できる効能効果の範囲を超えている。
インターネット	最高級のたんぱく質	「最高級」のような、最大級の表現は使用できない。
ダイレクトメール	世界初・特許公開	「特許」に関する表現は、消費者に特別良い製品であるかの誤認を与える恐れがあることから、広告基準において使用しないよう、遵守すべき事項としている。
店頭用ＰＯＰラベル	敏感肌の方など、赤ちゃんからお年寄りまで安心してお使いいただけます。	安全性を保証する表現はできない。
新聞折り込み広告	リンパ液の流れや血液の循環を良くし、脂肪を燃焼させます。部分ヤセ成功！	「塗って痩せる」などの効能は、化粧品で認められた効能の範囲を逸脱している。

（東京都福祉保健局のホームページ「薬事法に関わる不適表示・広告事例集」より抜粋）

今後は化粧品の品質はもちろんのこと、それを製造販売している企業のモラルも化粧品選びの基準となるでしょう。そういう意味でも、薬事法をはじめとする法律の正しい理解が重要なのです。

第2章
肌質について

肌タイプを理解する利点

　肌の見た目や性質は、人種によって異なり、同じ人種でも個人差があるものです。肌の性質は、乾燥しやすさ、皮脂分泌状態の違いなどが主なものです。

　肌質（肌タイプ）とはそのような肌の性質によって分類されます。現在、最も普及しているのが乾性肌、普通肌、脂性肌という分類方法です。

　スキンケアの対象部位は皮膚が主なので、肌の性質を理解することは基本の基本です。特に化粧品と肌の性質は関係が深く、肌なじみや使用感、使用後の化粧品の効果について影響してくるものです。だからこそ、肌状態、すなわち肌質を理解して肌タイプを見分ける力が必要です。

肌質を考える場合、地質に例えると意外にわかりやすいです。肌そのものを大地になぞらえると、肌の水分は肌内部のリンパ液という水脈から湧き上がっているのです。大地は豊富な地下水があれば大地は潤い、大地に生える植物は生き生きと生い茂ります。あと肌には汗腺と皮脂腺があります。ちょっと乱暴な表現ですが、汗腺は井戸、皮脂腺は油田に例えることができます。肌を保護するためには、そのバランスがとれていることがポイントでしょう。大地が地下水脈と井戸と油田で特性が決まるように、肌もリンパ液の循環、汗腺、そして皮脂腺の分泌状況で肌の特性が決まるのです。

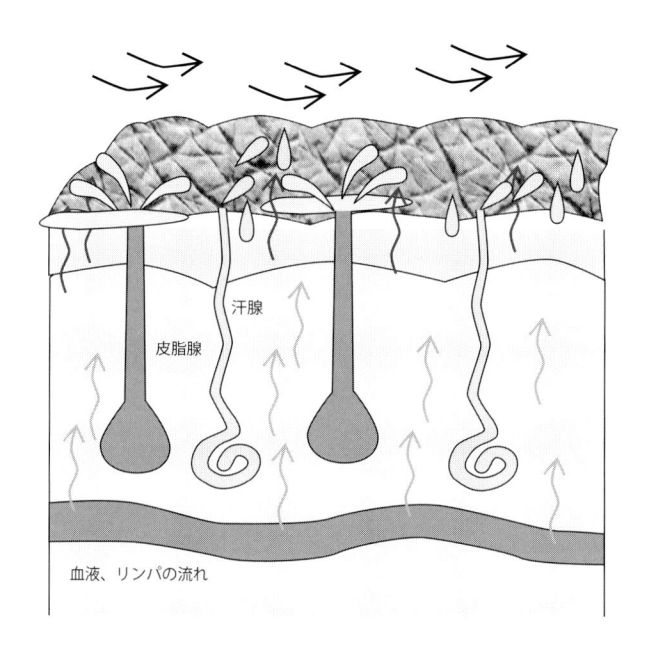

図 2.1　皮脂と汗の分泌を考慮した肌の大地モデル図

1. 肌タイプの基本
（代表的な肌タイプ分類とスキンケアアドバイス）

　肌質は、肌タイプとも言われますが、肌のどのような特性に着目するかによりさまざまな肌タイプ分類があります。しかし、スキンケアや化粧品との相性を考えた場合、肌の皮脂分泌と水分保持力でみる乾性肌〜普通肌〜脂性肌のタイプ分類と、肌の敏感度によるタイプ分類があれば十分と言えます。この肌タイプは最も普及していますので、誰もがある程度の理解度をもち、化粧品選びやスキンケアアドバイスをする時の共通認識が取りやすいことが利点としてあげられます。

　その他の肌タイプ分類方法として使われているものでは肌色によるものです。特にファンデーションの色選びに活用されています。肌色の色相と明度を区分して分類されています。

　化粧品メーカーによっては、皮脂分泌や肌のキメ、肌色、皮膚温度など、多数の肌特性を基に細かく分類して化粧品選びやスキンケアアドバイスに活用しています。ただし、この場合はメーカーによる違いがあり、汎用性がないことが課題でしょう。

表2.1　主な肌タイプ分類方法

分類軸	肌タイプ	肌状態	アドバイスポイント
油分・水分バランス	乾性肌	キメは細かく、皮脂分泌は少ない。乾燥しやすい。	十分な油分補給。炎症のある場合は治す。
	普通肌	皮脂分泌が適度で、肌のキメも整っている。	油断せず適切な保湿ケア。
	脂性肌	毛穴が大きく、皮脂分泌が多い。テカリやすくニキビもできやすい。	ていねいな洗顔などで毛穴を清潔に保つ。
	混合肌	鼻周りのTゾーンは脂性肌、目や口周りのOゾーンは乾性肌。	脂性肌と乾性肌のどちらかに合わせ、足りないケアを補う。
肌の敏感度	普通肌	肌トラブルに悩むことはほとんどない。	油断せず適切な保湿ケア。
	やや敏感肌	季節の変わり目や新しい化粧品で時々肌トラブルを起こすことがある。	適切な油分補給を含む保湿ケアをする。
	敏感肌	肌トラブルを起こすことが多い。	肌トラブルの原因を未然に防ぐ。皮膚科医による適切な治療が必要。

第2章　肌質について

1-1. 皮脂分泌をベースとする肌タイプ

　肌表面から観察および油分量や水分量を測定することで角層内に含まれている皮脂量と水分保持機能の状態を推測して肌タイプを見分けます。この肌タイプ分類は化粧品の普及当初から使われており、最も一般的で、ある程度お客様も自分で判断できたり、肌状況を判断することができるほどです。化粧品メーカーや肌診断測定機器を開発し販売しているメーカーによる判断基準の誤差はある程度ありますが、大筋では同様の判定と肌状態の説明がされており、使いやすく、お客様へのスキンケアアドバイスや化粧品選びに有効な肌タイプ判別方法だと考えられます。

　皮脂腺の活動は思春期を過ぎてからある程度落ち着いて、皮脂分泌量もほぼ一定になります。そのため、肌タイプもあまり変化しなくなります。しかし早ければ20代後半から加齢の影響が出始めて皮脂腺活動も低下することがあり、肌タイプが普通肌から乾性肌へ移行する場合もあります。一般的には加齢と共に乾性肌寄りに移動する傾向にありますが、個人差もかなりあります。その他の年齢要因としては、40代半ば～50代半ば頃の更年期前後に皮脂腺活動が活発になることがあり、個人差も大きいですが、一時的に脂性肌に傾きます。

化粧品の目的は健康で美しい肌を保つことですが、スキンケア化粧品の主な効用である清潔、保湿、保護のために最も効果的なことは、肌状態にピッタリと合った化粧品を選ぶことです。そして、それらの化粧品の効用が十分に発揮できるようにアドバイスすることにあります。

肌タイプを理解しておけば、肌を健康に保つために洗顔後の保湿機能を素早く適正な状態にする正しい化粧品選びやお手入れ方法に役立ちます。それは肌の保湿機能が肌内部の水分を保持するための適切な油分補給にあることで、そのための化粧品を選ぶことに通じるからです。

肌タイプは季節や生活環境要因、あるいは年齢によっても変化しますので、これらの要因が大きく変わった場合には肌タイプを再度見直し、それにあわせてお手入れ方法も変えることを忘れないようにしてください。年齢に関しては5年に1回くらいの見直しで大丈夫です。

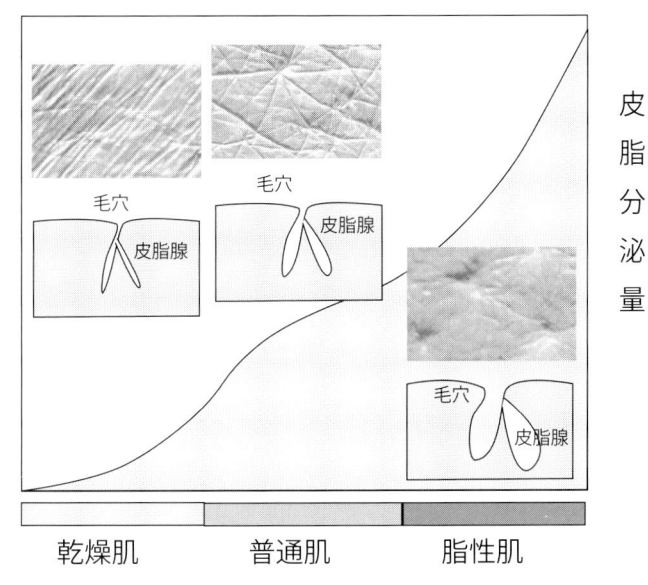

図2.2　皮脂腺を基にした肌タイプ概念図

第2章　肌質について

1. 乾性肌（ドライスキン）

　乾性肌は皮脂分泌量が少なく、普段から肌が乾燥気味で、保湿ケアを怠るとさらに乾燥しやすい状態の肌です。皮脂腺が発達していないので毛穴も小さく目立たない傾向にあります。皮溝も浅く角層も乾燥しやすいので、肌表面を見る顕微鏡で拡大してキメを観察すると、肌に接触しているレンズの当て方により圧された方の皮溝はつぶれて細く流れた状態に見えます。また普通肌や脂性肌であっても加齢により皮脂腺の活動が低下すると乾燥気味になり乾性肌となることがあります。その場合も毛穴以外の部分はキメが流れて見えます。

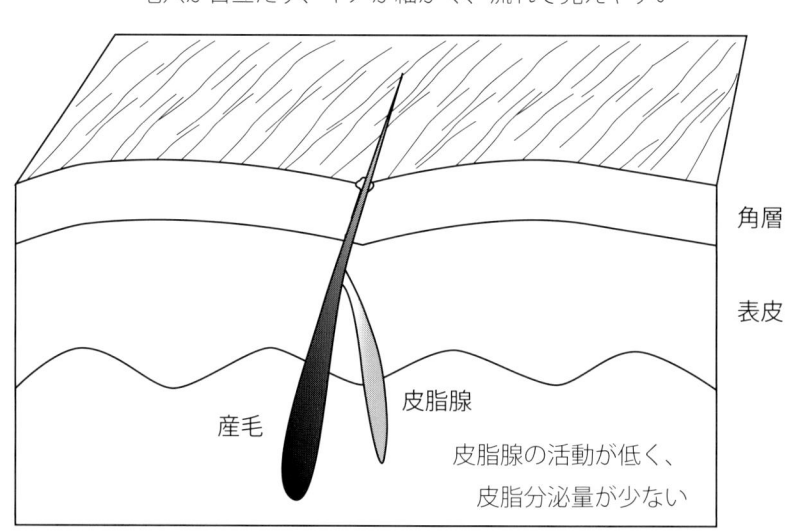

毛穴が目立たず、キメが細かく、流れて見えやすい

角層
表皮
産毛
皮脂腺
皮脂腺の活動が低く、皮脂分泌量が少ない

図 2.3　乾性肌の肌モデル図

　皮脂分泌量が少ないので、健康な角層バリヤー構造を作るために適切な油分補給が必要な肌です。スキンケアの中で油分補給のアイテムとしてはクリーム、乳液、乳化タイプの美容液、そして美容オイルが適しています。これらの製品は肌なじみの良いことが重要で、角層全体にエモリエント効果の高い油分を行きわたらせる効果があります。使用後のベタツキの少ない製品は使用感も快適なので毎日のケアを続けるのに重要な特性だと言うことができま

す。最近では角層バリヤー構造の主要成分であるセラミドやセラミドと同じ働きをもつ成分を配合したり、角層代謝におけるセラミド合成を高める研究がされた美容成分を配合している製品も多くあります。

　気をつけることは肌に炎症があるかどうかを確認することです。炎症があるとその周囲の角層代謝が未成熟で乾燥しやすい角層状態（不全角化）になりやすくなります。そうならないように炎症部位の保湿ケアは入念にすることです。もし、炎症が治りにくい場合は、きちんと皮膚科医の正確な診断と治療を受けることです。

乾性肌のアドバイスポイント

- 過度の摩擦をしない
- 十分な油分補給による保湿ケアを継続する
- 何らかの炎症が続くか、たびたび起こる場合は、皮膚科医の正しい診断と治療が必要である

2. 普通肌（ノーマルスキン）

　普通肌は皮脂分泌量が適度で、肌の保湿状態は良い状態です。キメの状態も毛穴を交点として規則正しいキメの模様となっています。しかし、正しい保湿ケアをしていないと肌は乾燥しやすくなり一時的に乾性肌の状態と同じになることもあります。顔の部位によりTゾーンは皮脂分泌量が多くなりますので、そこだけを気にして自分は脂性肌とか混合肌と思う人も多いので、顔全体をバランス良く見る必要があります。一般的に顔の中でも皮脂分泌が極端に偏っていない頬の肌を基準として見ることが適切です。

　普通肌はノーマルスキンとも呼ばれますが、正常な肌という意味でではなくバランスのとれた状態と理解する方が理にかなっています。

毛穴も目立たず、キメが整っている

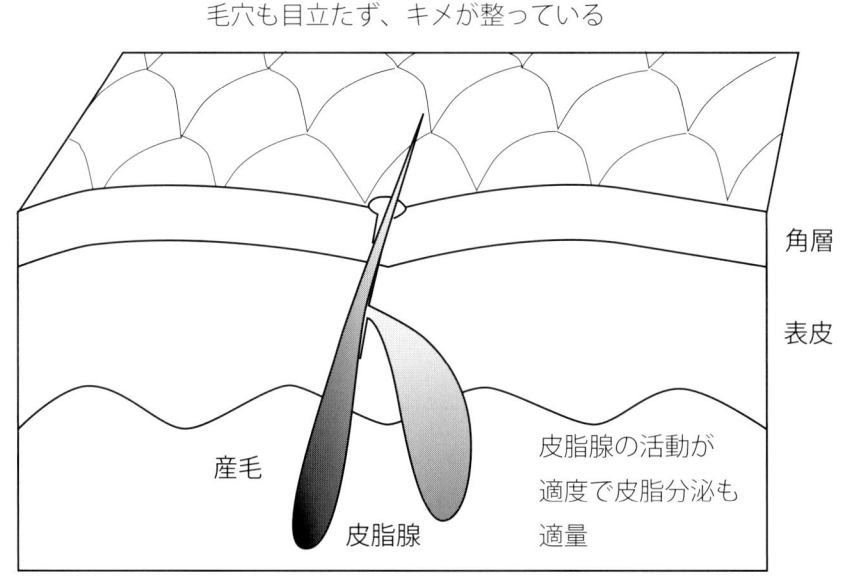

角層
表皮
産毛
皮脂腺
皮脂腺の活動が適度で皮脂分泌も適量

図 2.4　普通肌の肌モデル図

皮脂分泌量のバランスは良いのですが、とにかく油断をしないことです。うっかり保湿ケアをしなかったり、洗顔でこすり過ぎて健康な角層を痛めたり、自らの間違ったお手入れが肌荒れを招き、一時的な乾性肌状態を作ることがあります。また季節の変動により乾性肌や脂性肌に傾くこともありますので、そのような時には素早く肌状態に合わせて適切な油分補給のお手入れをするように気をつけることです。

　肌トラブルを起こさないことが、いつまでも若々しい肌を保つためのコツです。もし、肌トラブルを起こしても、速やかな対応をとればそんなに肌ダメージを残さないので、とにかく油断をしないように、毎日の肌チェックと正しい保湿ケアを続けるようにしましょう。

　肌状態が健康であればキメも整っているので、化粧のりも良く、メイクアップの仕上がりがチェックポイントして便利です。

普通肌のアドバイスポイント

- 過度の摩擦をしない
- 油断をしないで、肌に合った保湿ケアを継続する
- 季節の変わり目は特に気をつけて、適切な油分補給をする

3. 脂性肌（オイリースキン）

　脂性肌は皮脂分泌量が過剰で、肌表面に皮脂の脂っぽさが出て、テカリ気味の肌状態です。キメも皮脂腺が発達しているので開口部にあたる毛穴も大きく開いています。毛穴と毛穴を結ぶ皮溝も深かったり、途切れがちな場合もああります。額や鼻を含めた周辺部でそのような特徴は顕著です。皮脂分泌量が多いので角層の水分蒸発を防ぐのは確かですが、逆にセラミドなどの成分が不足して、角層の構造がきちんとできていないために角層細胞の接着が弱くなるので、剥離が起こり、肌表面がザラザラしたり硬く感じたりすることも多くあります。

毛穴が大きく目立ち、キメが粗くみえる　　肌表面がテカリやすい

角層

表皮

皮脂腺

産毛

皮脂腺が発達し、皮脂分泌が盛ん

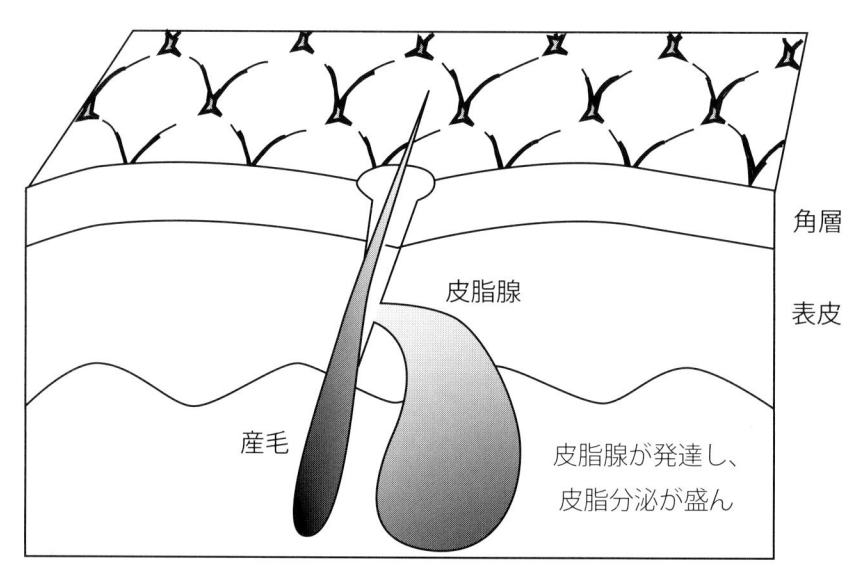

図 2.5　脂性肌の肌モデル図

スキンケアとしては、皮脂分泌量が多く毛穴が汚れやすいので、毛穴を清潔に保つお手入れをすることです。洗顔は皮脂分泌量の多い部位をていねいに指で洗います。お手入れの基本はその日に分泌された皮脂は空気中の汚れも吸着しているので、その日のうちに落とすことです。その後で、ベタツキのない肌の保護力の高い油分補給が適切にできるアイテムを使うと良いのです。さっぱり系の乳液やクリーム、あるいは油分を含む美容液をすすめます。
　皮脂分泌を抑える研究もされており、そのような働きをもつ美容成分を配合した製品も良いのです。テカリやすいところは油分を拭き取る力の強いアルコールが多めの製品や、油分を吸収する働きのある多孔性粉体を配合した製品も良いでしょう。

脂性肌のアドバイスポイント

- ていねいな洗顔をして毛穴を清潔に保つ
- 油分補給にはさっぱり系の乳液やクリームなども使う
- 皮脂分泌を抑えるトリートメントをする

4. 混合肌（ミックススキン）

　混合肌は顔の部位により乾性肌と脂性肌が混在している状態です。一般的にはTゾーンと呼ばれる額や鼻の周囲と顎が脂性肌で、Oゾーンと呼ばれる目の周囲と口の周りが乾性肌となっています。ただし、厳密に言えば誰でもその傾向があり、混合肌とは脂性肌と乾性肌の差が激しい場合が該当することになりますが、その基準が明確とは言えないのが現状です。だから肌タイプの自己判定をしてもらうと混合肌の比率が高くなります。

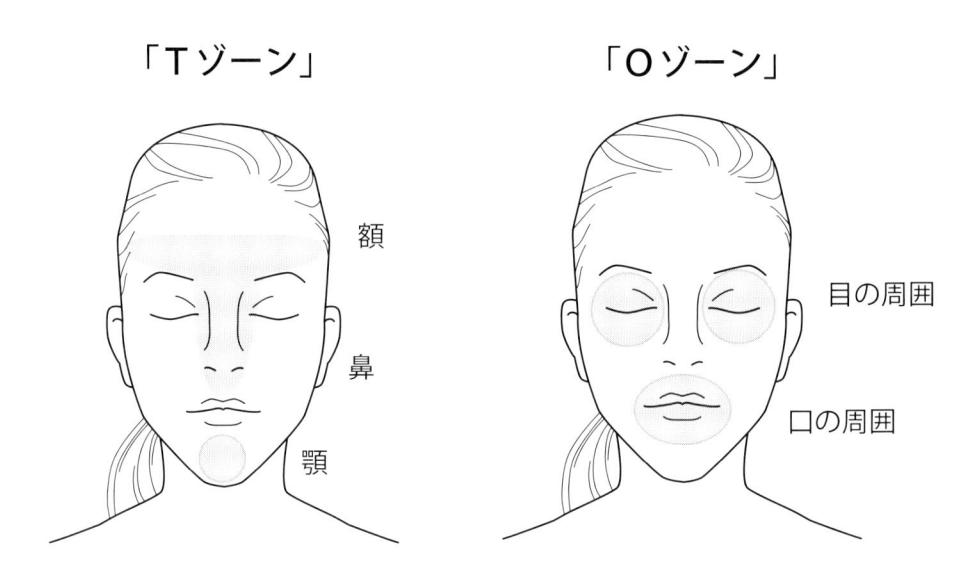

「Tゾーン」　　　　　「Oゾーン」

額
鼻
顎

目の周囲
口の周囲

図2.6　混合肌の顔イメージ図　TゾーンとOゾーン

- Ｔゾーン：額と鼻筋にかけてのＴ字型の部位で、顔の中でも皮脂分泌の盛んです。顎も含めてＴゾーンとする場合もあります。
- Ｏゾーン：目の周囲、つまりまぶたと目頭、目尻を含む部位、それと口の周りの部位です。皮脂腺が発達していない部位で、それぞれＯ字型をしています。

　肌の両極端の肌状態をもっていますので、基本的なケアはどちらかに合わせた後で、足りないケアを補うことが良いのです。例えば、乾燥肌の部位がより気になっている場合は、全体のケアを乾燥肌用のお手入れを行い、皮脂分泌の盛んなＴゾーン部位は古い皮脂を落とすケアを部分的に行います。逆に脂性肌の部位がより気になる場合は、全体のケアとして脂性肌用のお手入れをして、乾燥肌状態の部位にしっかりとエモリエント効果の高い油分を補給することが大切です。

混合肌のアドバイスポイント

- 乾燥肌の部位がより気になっている場合は、全体のケアに乾燥肌用のお手入れを行い、足りないケアを部分的に補う（脂性肌の部分が気になる場合はこの逆）

1-2. その他の肌特性・肌トラブル

1. 敏感肌

　敏感肌という分類は化粧品にピリピリ感や痒み、あるいは皮膚が赤くなるとか軽度の肌トラブルを起こしやすい肌状態だと言えます。肌トラブルの起こしやすさの度合いにより敏感肌〜やや敏感肌〜普通肌と分ける場合が一般的だと思われます。敏感肌では肌の表面がカサカサした乾性肌と同様の状態になっている場合も多くみられます。

　ただ敏感肌は本来もっている肌の性質というより、スキンケアが適切に選ばれていないことによる保湿機能の低下や、肌トラブルを完治できずに長引いている状態も多く見られます。この場合、本来肌は健康なのに一時的に敏感肌状態になっており、それで敏感肌だと思っている人も多いのです。そのような状態は自称敏感肌と呼ばれています。いずれにしても、正しい保湿ケアをすることにより肌トラブルの発生を防ぐことで、角層のバリヤー機能を回復させて敏感肌状態を抜け出るケースも多く聞かれます。

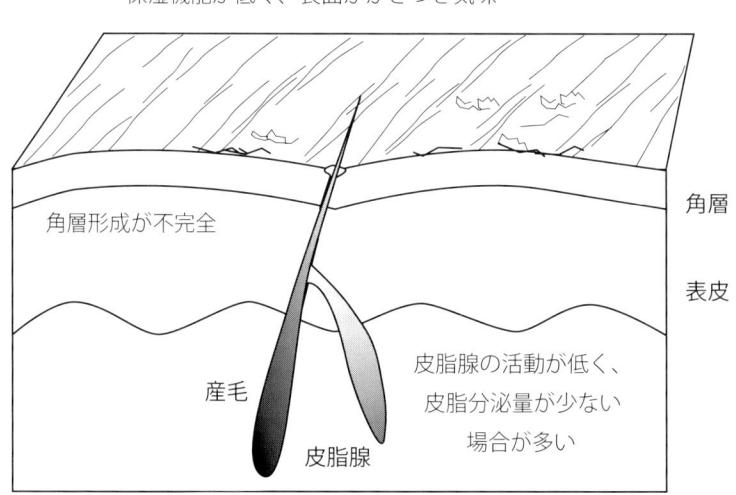

保湿機能が低く、表面がかさつき気味

角層形成が不完全

角層

表皮

産毛

皮脂腺

皮脂腺の活動が低く、皮脂分泌量が少ない場合が多い

図 2.7　敏感肌の肌モデル図

角層のバリヤー構造が弱く、炎症反応にも敏感に応答しやすい肌状態ですので、とにかく過度の摩擦や洗浄作用の強いケアを避けることと、角層のバリヤー構造を強化するためにエモリエント効果の高いアイテムを必ず取り入れることです。使用して肌にピリピリ感じたり、使用後の肌が赤くなる製品は使用しないことです。これは決してアルコールが入っていなければ大丈夫というものではないので、使いたい製品については、まず腕で試し使いをすることです。現在の化粧品の安全性レベルは高くなっています。敏感肌の場合はさまざまな原料に対して刺激性の可能性がありますので、特定の原料だけを気にし過ぎることは、あまり意味がないのです。製品が安全性を訴求している製品ならほぼ使えるレベルにあるものと考えられます。

　敏感肌の場合、炎症が慢性化していたり、潜在的に炎症が潜んでいたりする場合があります。あまりにも炎症が収まらなかったり、炎症が治ったり発症したりを繰り返している場合には、皮膚科医に正しい診断と治療をしてもらうことが必要です。

敏感肌のアドバイスポイント

- 過度の摩擦を与えない
- 適切な油分補給をして正しい保湿ケアをする
- 健全な角層形成を促すトリートメントをする
- 炎症が治りにくくたびたび繰り返す時は、皮膚科医の正しい診断と治療が必要

2. スキンケア方法の間違いで起こる皮膚トラブル

　若い人に多いのですが、保湿ケアを外から水分を補給するだけで良いと思い、油分補給をしないために角層バリヤー機能が不完全になっている場合もあります。その場合は、まず正しい保湿ケアの知識をもつことと、適切な油分補給のアイテムを必ず使用することです。傷んだ角層バリヤーを健全に戻し、本来健康な状態の肌タイプを確認し直して正しいスキンケアに持っていくことです。

3. アトピー性皮膚炎・アレルギー性皮膚炎

　アレルギーやアトピーの場合は、必ず医療機関でアレルゲンや症状の悪化要因を診断してもらい、まずは正しい治療により炎症症状を改善することが先決です。その後はアレルゲンと言われた成分を含まない化粧品を選びましょう。また、日常生活においてアレルゲンに接触しないよう、環境を整えましょう。治療中の化粧に関しては医師の指示を守ることと、疑問や不安があった場合は、ていねいに尋ねて納得しておくことが重要です。そうすることで得られる安心感ほど効果的なことはありません。

4. 日焼けしやすさ

　日焼けしやすさにおいては遺伝的な性質、特に人種における紫外線感受性も違っており、人種差や個人差を無視することはできません。現在では日焼けやすさをベースにⅠ～Ⅵタイプに分類されています。特にタイプⅠとⅡは肌への紫外線ダメージも大きく、シミやソバカスを防ぐためにも赤くならないように紫外線防御ケアをする必要性があります。

表2.2　フィッツパトリック＊による日焼けしやすさの肌分類

タイプ	紫外線を浴びた時の皮膚の反応性
Ⅰ	非常に赤くなりやすいが、後で黒くなることはない。
Ⅱ	すぐ赤くなりやすく、後でわずかに黒くなる。
Ⅲ	赤くなった後で黒くなる。
Ⅳ	あまり赤くならないが、後で黒くなる。
Ⅴ	めったに赤くならず、後で非常に黒くなる。
Ⅵ	決して赤くならず、後で非常に黒くなる。

＊ 故フィッツパトリック (Fitzpatrick) 氏はメラニンの研究で国政的に著名なハーバード大学の皮膚科の教授

1-3. 肌悩み別スキンケア方法

　化粧品やお手入れ方法を選ぶ時、肌タイプとは別に、現在気になっている肌悩みについて何とかしたいと思うものです。そのような時には、やはり肌悩みの状態を把握して、一番関わっていると思われる原因を探り出し、適切に対処できる化粧品とお手入れ方法を選ぶことです。

　肌悩みは肌タイプによって起こりやすいものもあれば、複数の肌悩みが重なってしまうこともあります。でも肝心なことは、焦ったり、一気に肌悩みを解消しようと思わないことです。できることから着実に、そして気長に取り組み、同時に、肌悩みをあまり気に病まないことです。

1. シミ

　シミには肝斑、炎症の跡、老人性色素斑など多数の種類があり、一見、区別できないこともあります。発生原因も紫外線、炎症、ホルモンなど多数あり、複数の原因をもつ場合も多いのです。そうした中で、化粧品としてできる対策は予防につきます。またシミの範囲拡大や色味を濃くしないためにも予防スキンケアが重要です。その基本は紫外線をできる限り浴びないことと肌荒れを起こさないようにし、メラニン色素の合成を抑える働きをもつ美白機能や紫外線防御機能のある化粧品を継続使用することです。

　ストレスとシミの関係も研究されていますが、現在までの動向では確かな根拠はない状況です。しかし過度のストレスはシミだけではなく肌荒れやくすみなど複合的に影響していますので、その場合には快適なスキンケア習慣や全体的なリラクゼーション効果をもたらす、ボディケアやフレグランス製品も有用です。

2. ソバカス

　ソバカスの原因はできやすい遺伝的な素因と紫外線による刺激が大きいとわかっています。特にＢ波紫外線を強く浴びた場合が発生しやすいので、遺伝的にソバカスができやすいことがわかっていれば、幼少期からの紫外線防御ケアを行うことが良いのです。最近は紫外線防御効果の高い化粧品も増えていますし、安全性も使用感も良いものが増えていますので、肌に合うものを選んで、日常的に使うことが良いのです。

　できたソバカスは、これ以上増やさないよう、また色濃くしないように、やはり紫外線防御ケアと美白効果のある化粧品の継続使用をすすめます。

3. 小じわ

　目の周りや、口の周囲は皮膚がよく動き表情と共にシワがよりやすいところです。肌の乾燥や加齢により柔軟性が欠けてくると肌を動かしていない時でも小じわが残ってきます。そういう場合は、角層の水分保持力を高めると共に角層柔軟効果のある油分の補給が効果的です。真皮まで構造変化を起こしているシワには、真皮の代謝を促す効果が研究されている成分や化粧品を使うと良いのです。またマッサージも血液の循環を良くし、皮膚全体の栄養補給と酸素の補給を促しますので効果的です。

　真皮にまで浸透し、ダメージを与えるＡ波紫外線も原因のひとつですから、Ａ波紫外線の防御ケアをすることが予防に効果的です。微弱な損傷も長期間に渡る刺激の積み重ねが大きなダメージにつながりますので、日常的な防御ケアを心がけ、油断してうっかりＡ波紫外線を浴び続けないように注意してください。

4. たるみ

　皮膚の弾力が低下し、表情筋などのハリが低下すると重力の影響で肌が下方に落ち気味になることで発生します。顔の皮膚はいつも重力に対して垂直になっていますからどうしてもたるみやすく目立ちやすい部位となります。顔でもフェイスラインや目の下など皮下脂肪層がつきやすい部位がたるみやすいのです。防ぐためには皮下脂肪がつきにくくなるような栄養のバランスの取れた食習慣も含めたケアが必要です。真皮の代謝を良くすることも効果的なので、マッサージによる血行促進効果も真皮に酸素や栄養の補給を促進するので良いでしょう。

　肥満で伸びた皮膚は組織全体が広がっていますので、急激なダイエットで皮下脂肪がなくなれば、皮膚は支えを失い、重力に逆らうことなく垂れ気味にたるんでしまいます。ただし無理なダイエットは避けることです。

5. 肌荒れ

　肌荒れは肌に合っていない化粧品の使用や間違ったお手入れ方法を続けた場合に起こることが意外と多いので、一時的に使用している化粧品を中断して様子を見ることが大切です。その時はお湯だけでのすすぎ洗顔と、クリーム程度のライトなケアで済ませます。それで肌荒れが改善するようでしたら、肌タイプの見直しと化粧品選びの見直しをします。多くの場合、角層バリヤーを十分ケアできていないからで、適切な油分補給により改善がみられることが多いのです。

　何らかの皮膚刺激により、その後で肌荒れが起こった場合には、アレルギーによるものか一時的なものなのかを見極める必要があります。肌荒れがぶり返してひどくなるようでしたら、皮膚科医によりきちんと原因を診断してもらう必要があります。治療後も、その後のスキンケアや生活習慣についてのアドバイスも聞いて再び炎症を起こさないように気をつけることです。一時的な刺激でも、繰り返し起こるようだったら、その刺激の原因を診断してもらい、再び皮膚に触れることがないように気をつけます。

6. ニキビ

　ニキビは毛穴に発生する炎症で、原因としては過剰な皮脂分泌とアクネ菌による皮脂の分解物である遊離脂肪酸が皮膚内に入ることです。この一連の反応が起こるには皮脂分泌が盛んになり、毛穴に皮脂が詰まって塞がることで嫌気性細菌のアクネ菌が増殖し、炎症を起こす遊離脂肪酸を作りだすことがきっかけとなります。化粧品としてはニキビが発生しにくい肌環境を作る予防ケアと、軽度なニキビを悪化させないで自然治癒できるような肌環境作りということになります。そのためにニキビケアのポイントは過剰な皮脂をためないことと、アクネ菌や炎症を起こす微生物が肌や毛穴で増殖しないようにすることです。ニキビ予防用の医薬部外品では殺菌効果のある成分を配合してありますので、このような製品を基本に、洗顔による清潔を中心としたスキンケアが有効です。

　また、ニキビをこじらせないためにも、ニキビを気にし過ぎて指で触ったり、こすったりすることを避けることです。痒みのせいもあり、無意識的に行っている場合も多いので、痒みが治まる清涼感や鎮静効果のある化粧水などのポイント使用も良いでしょう。

　ニキビ跡も気になるものですが、炎症性の一時的な色素沈着は時間と共に薄くなるので、無理に角層を取り除いて早く回復させるようなお手入れは避けるべきです。

7. くすみ

　くすみの原因は皮膚の血液循環の悪化とメラニン色素の増加の2つありますので、それぞれの原因の影響度を推定した上で適切なケアをします。

　まず皮膚の血液循環についてはくすみの部分の毛細血管が発達しているのに血液の流れが悪い場合が多く、その部位の血液循環を良くすることが必要です。くすみの部位だけではなくその周囲も含めて優しくマッサージをしたり、温かいタオルなどでパックのように覆うことも良いでしょう。温冷の刺激を交互にする方法もあります。ポイントは血液循環が悪化することは積み重なった要因が基になっている場合が多いので、このようなお手入れを定期的に継続することが効果的です。また食生活からのビタミンEやビタミンBの補給も体全体の

血液循環を改善するので組み合わせるようにします。

　一方、メラニン色素によるくすみの場合は、過剰なメラニン色素の合成を抑えるためのケアが良く、紫外線防御と美白ケアを行うことです。この場合も短期間に改善するのではなく、予防的に、継続的に行うことです。血液循環の悪化とメラニン色素の増加の両方の原因が重なっている場合は、両方のケアを組み合わせるか、先にどちらかを優先させてお手入れをするかを決めて、納得できる方を行います。

　化粧品は主に健康な肌、あるいは健康状態を自らの力で取り戻せる状態の肌に使うもので、その限りにおいて効果をもっているものです。ですので回復しない、あるいは繰り返し発生する肌トラブルにおいては、まず化粧品を使用するのではなく、皮膚科医のいる医療機関にて正しい診断をして、正しい治療と家庭での注意事項を聞くことです。自己判断だけは絶対避けるべきです。

1-4. 肌タイプにまつわるエピソード

　肌タイプを分析する研究や肌診断への応用は進んでいますが、肌についてはキメ細かく調べることと同時に経時変化やマクロ的な捉え方も実用的です。むしろ環境変化や生活条件の変動を考えれば、マクロ的な捉え方の方が適切なアドバイスや施術になります。つまり常に変化している肌をたった1回の肌診断で捉えるのではなく、できる限りにおいて継続的に得られる肌情報をしっかり分析することも重要なのです。

　その一方、市場には多量の美容情報があふれており、内容的に間違ったものも多くあり、玉石混淆状態と言えるでしょう。情報を多面的に分析し、情報判断力をつける必要があるのです。その中からいくつかの話題について考えてみます。

1. インナードライについて

　インナードライとは、肌表面が脂っぽいのに対して、角層の内部も油分量が多く水分量が少ない状態を内部が乾いているという意味で使われている用語です。一見するととてもわかりやすい説明ですが、実際はスカスカの乾燥状態ではないということです。乾燥とは水分や油分などの液体が蒸発してなくなって空気が入った状態を表す用語です。たとえ油分の比率が多くても角層細胞の結合状態が良く、肌が荒れていなければ問題はそんなにありません。角層内部が乾いているから内部に水分を補給することが健康な肌状態に回復するという概念は誤解を生みやすい用語のひとつです。

2. 生理周期

皮脂の分泌量は性ホルモンの影響を受けることはよく知られています。ということは生理周期によりエストロゲンなどの卵胞ホルモンの変化に伴い皮脂腺の活動が変化していることも考えられます。卵胞ホルモンが最も低くなる生理前は皮脂腺活動も活発化してニキビや皮脂分泌による肌トラブルが増えると言われています。しかし、個人差も大きいので、生理周期によりどの程度の影響なのか簡単な記録でも良いのでメモしておくと適切なスキンケアに役立つものです。メモしておくと役立つ事象としては、ニキビの多少、肌の赤み、痒みなどの状態と、化粧のりの状態です。

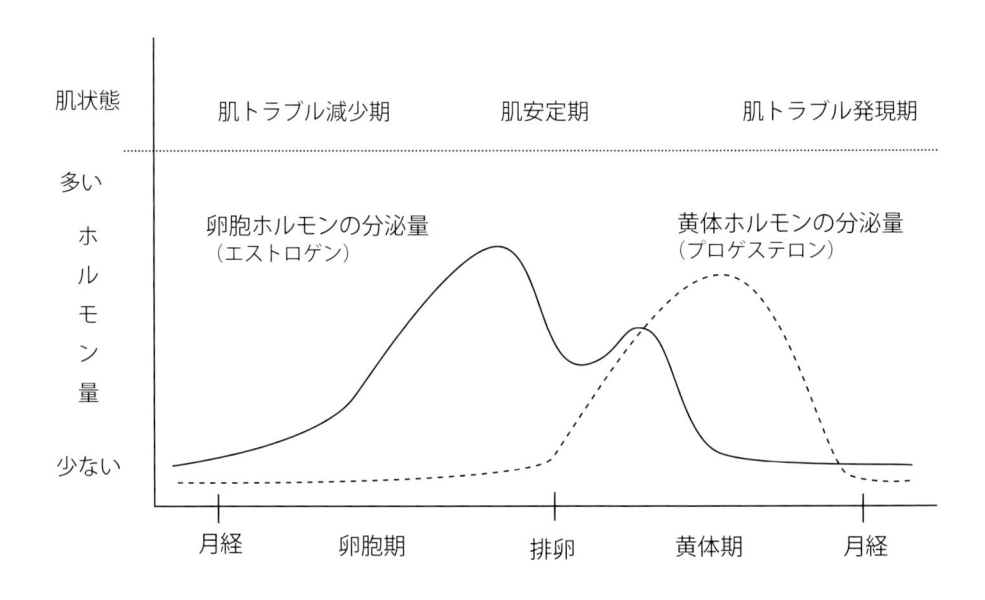

図 2.8　生理とホルモンと肌状態

3. 季節と肌タイプ

　一般的に夏は脂性肌が増え、冬は乾燥肌が増える傾向があります。皮脂分泌量は気温による変動はあまりなく、夏に脂性肌が増えるのは発汗量が多いために皮脂が広がりやすいことが要因として考えられます。冬は環境外気の湿度が下がり乾燥しやすくなることと、発汗量が減少して皮脂が広がりにくくなる要因が重なっていると考えられます。その他、エアコンの状況も影響が大きく、温度湿度の設定や風量の強さを設定することで、夏の室内環境は冬型になることもあります。同じ部屋の中でも、場所により肌環境は異なってきますのでよく検討して注意深く観察して、できる対策は早めに打つ必要性があります。

　肌状態の季節変動も個人差や環境差が大きいので、平均的な見方ではなく、個人的な状況把握をしていく必要があります。そういう意味でも季節ごとの肌チェックシートは重要な情報です。また、油分計などの肌診断機器による結果も同時に記録しておき、時系列のグラフをつけると、よりわかりやすくなります。

2. 肌タイプの見分け方

1. 肌の時間的な変化や恒常性維持の影響

　肌状態は時間と共に変化をするものですから、肌タイプを判断する経時的な要素は大きいものがあります。それに加え洗顔やスキンケア、メイクアップまで日常の化粧習慣も影響しますので、本来もっている肌タイプをどの時間帯で判断するのかも重要な点です。どんなに正確に肌状態を測定する精密機器があったとしても、時間軸や環境の状況を判断することなくして正しく肌タイプを判定することはできません。

　研究機関で肌タイプを測定する場合は数時間ほど恒温恒湿の部屋の中で肌を十分に慣らしてから肌測定をして肌タイプを判定しています。現実的なスキンケアアドバイスの場では、現状の測定値に加え、肌状態の視覚による確認と日常の肌状態を聴く中で総合的に判断することが適切です。

2. 見分け方の注意点

　現実に接客の場で肌タイプを見分ける時の注意点は、結論を決めつけないことです。肌は常に時間と共に変化をしていますので、その動向を捉えるまでは一定の幅で肌状態が変化しているものと考えておくことです。接客時がどのような状態なのかをいつも考えることで、ある程度の予測も踏まえて肌状態の説明とアドバイスがすることで柔軟に対応できるものです。

2-1. 肌タイプチェックシート (チャート)

肌タイプを見分けるための使いやすいチェックシートがあれば便利ですし、使い続けることでチェックシートがなくても見分けることができるようになるものです。そのためにもまずは使い続けてみて、自分にとって使い難い点があれば工夫してみることも良いのです。

1. チェックシートのポイント

チェックシートは肌タイプに関する基本的な見方が収められています。肌タイプに直接関係がある皮膚の状態を日常の肌状況と外見上現れていることと組み合わせてあるものが良いと言えます。

もう一つ大事なことはチェックポイント数が適切であることです。見分けるために寄与率の高いチェックポイントが効率的に選ばれていて、偏っていないことです。

2. チェックシートを活用する管理方法

チェックシートは個人カルテと同じファイルにあることが理想で、接客の度に過去のチェックシートを確認できることが必要です。肌状態は常に変化しているので、その変化度合いを把握した上で肌チェックを行い、変化点は必ず記録しておくことです。

3. 肌タイプの具体的な見分け方

視診とチェックシートの活用

　肌タイプを見分けることで欠かせない視診ですが、本来ならノーメイクの素肌で見るべきです。でも実際の接客現場では難しいことです。メイクの上からもある程度判断できるコツとしては、どのようなメイクアップをしているのか把握した上で見た目の状態を修正して判断することです。特にファンデーションの種類において、リキッドやクリーム系を使っている時は乾燥状態が現れにくいので問診にウエイトをおきます。肌タイプは皮脂分泌量の状態が大きな要因ですから毛穴の大きさや皮脂分泌からくる肌のツヤをチェックします。次にキメの模様の形状と皮溝の深さをチェックします。その時に顔の中心部と目の下や頬の高い部分を観て違いの度合いをチェックします。

　後は問診で判断するチェック項目に進めますが、判断しにくい時は少しさかのぼっての状況や、１年前との違いなどを確認しておくと精度は高まります。あくまでもチェックしやすいように５Ｗ１Ｈの観点で具体的に肌状態を聴くように努めます。チェックする答えを決めつけての誘導問診は絶対に避けるべきことです。

表 2.3　肌タイプチェックシート

質　問	該当する○
（ドライ度チェック）	
日中、肌がつっぱることがよくある	
口や目の周りがカサカサしやすい	
肌荒れを起こしやすい	
化粧のりがわるく粉っぽく仕上がる	
肌のキメはとっても細かい方だ	
（オイリー度チェック）	
日中、肌のテカリが気になる	
脂取り紙で皮脂を度々取らなければならない	
化粧が消えたり沈んだりする崩れ方である	
頬の毛穴が大きく目立つ方だ	
ニキビができやすい（額や頬に）	

ドライ度
（該当項目数）

オイリー度
（該当項目数）

チェック表の使用方法：この１～２週間の肌状態を振り返って各項目をチェックします。ドライ度とオイリー度の該当項目数を記入して、下記のマトリックス表に照らし合わせます。

〈肌タイプ判定マトリックス表〉

		ドライ度（該当項目数）					
		0	1	2	3	4	5
オイリー度（該当項目数）	0	普通肌			乾性肌		
	1						
	2						
	3	脂性肌			混合肌		
	4						
	5						

第２章　肌質について

2-2. 肌測定機器と活用のポイント

　肌測定機器はシンプルな機能のものから多面的測定による総合測定機器まで開発されていますが、こと肌タイプに関しては油分が測定できる機器があれば十分でしょう。その他、できれば肌表面のキメをみる機器としてマクロビューワーがあれば理想的です。油分測定には測定原理の違いで数種類あります。それぞれ機器による長所と短所があるので、どのような場所で何の測定特性を優先するかで決めます。

　測定値は肌状態によって違うのは当然ですが、測定部位や測定者の熟練度によって測定誤差の出方が違ってきます。初めて測定する時は、自分の肌で何度もマニュアル通りに測定してみることです。単に数字を表にまとめるだけではなく散布図などのグラフにすると感覚的にも肌の状態の揺らぎがわかるものです。だからより正確に測定値を求めたい時は数回ほど計り平均値でみると良いでしょう。

　測定機器に付属している取扱説明書は正確な測定をする上で重要です。測定方法はもちろんのこと、測定前に被測定者や測定部位の状態をどのように整えておくべきか、しっかり読み取って使用します。

1. 油分計

　肌表面の皮脂分泌量を測定する機器です。フィルムや測定端子の表面に皮脂を写し取り、光の透過度の変化を基に測定する機器が主流です。そのために同じ部位で連続して測定することはできず、一定時間を置くか、少し部位をずらして測定します。スキンケアやメイクアップで補給された肌表面の液体油が増減する場合には測定値に影響が出ますので、そのことを考慮して最終判断をする必要があります。

　多くの場合、測定部位は目の下の2～3cm辺りの頬部で、混合肌を確認する時は更に額の部位も測定します。

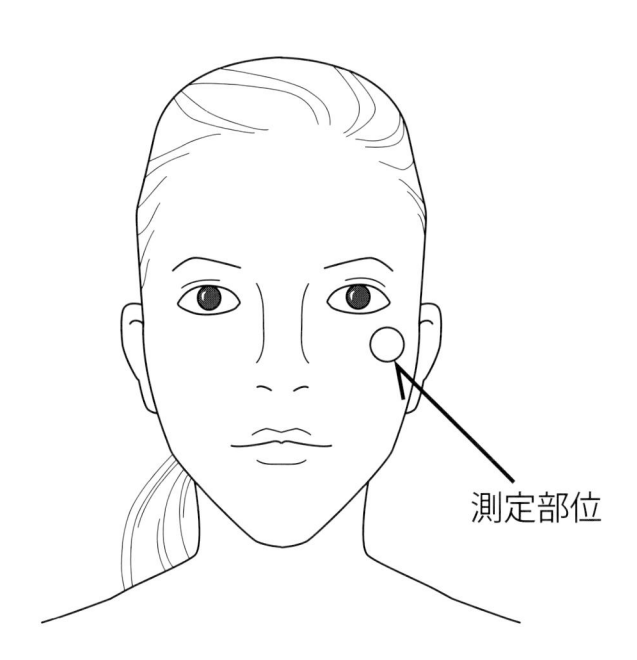

図2.9　油分と水分の測定部位

2. 水分計

　一般的に肌の水分量と言われるのは角層の表面側に含まれている水分量を電気通電特性によって測定するものです。具体的な測定原理は測定器の種類によって異なりますが、測定値の相関性はありますので機種を決めたら徹底的に使いこなすことです。肌タイプと言うより角層のバリヤー健康状態や環境に対する肌適応性、あるいは肌の水分保持力をみるのに使われています。

　肌タイプの見分け方に直接使うより、肌状態の確認やスキンケアのアドバイスに生かす方が向いていると思います。ただし肌の油分と水分を総合的に考えて肌タイプを決める方法もあります。

3. マクロビューワー（拡大画像装置）

　肌タイプを判別するには皮脂腺活動が毛穴の大きさと相関性があることを根拠に肌表面の拡大画像観察が役立ちます。ただし若い頃に皮脂腺活動が活発であったものが加齢の影響で活動を低下させていても、毛穴は若い時と同じくらい大きく開いたままなので、その点に注意することがポイントです。つまり実際の肌状態は皮脂が少なく、乾燥気味の肌状態にあることも多いからです。

　その他、皮溝と皮丘と毛穴によって形作られる肌のキメ模様も肌タイプの見極めに役立ちます。この際に気をつけることはマクロビューワーの対物レンズ側を肌に強く押しつけないことです。当て方によりキメ模様が変わり、そのために判断が間違うこともありますので注意が必要です。

乾燥肌　　　　　　　普通肌　　　　　　　脂性肌

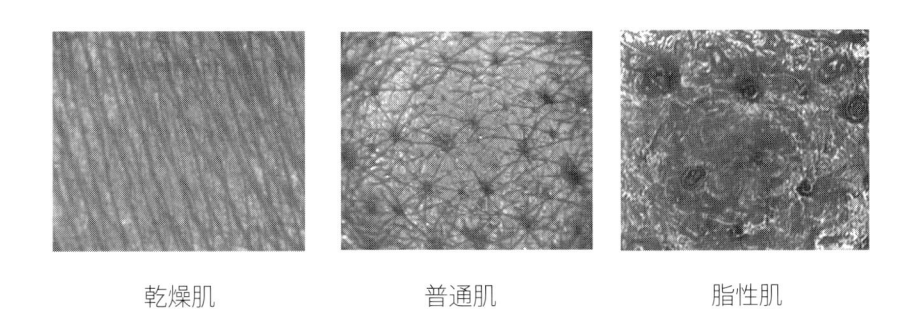

図 2.10　肌タイプ別の肌表面写真　（参考画像　亀山先生による）

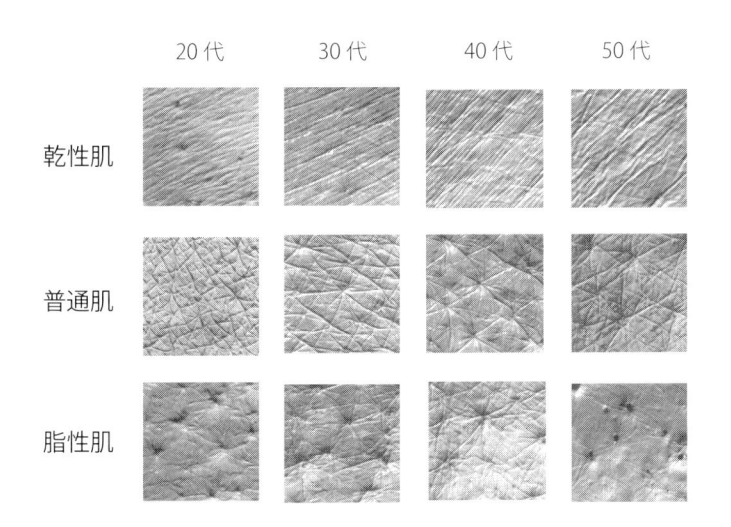

　　　　20代　　　30代　　　40代　　　50代

乾性肌

普通肌

脂性肌

図 2.11　肌タイプ別肌表面の年齢別一覧図

　一般的な傾向として、年齢を重ねると共に、皮溝と皮丘で作られる決めの模様単位は広がっていく傾向にあります。また加齢により角層が乾燥気味になり、角層が固くなるのでシワも増えてきます。

第 2 章　肌質について

4. 総合肌測定機器

　化粧品メーカーや測定機器開発メーカーからは多面的に肌を測定し、統計データに基づき測定値や画像解析の結果を組み合わせて肌状態を分析する総合肌測定機器も見かけるようになりました。肌の油分、水分、弾力性、血流、メラニン色素など肌の色構成、そして肌表面の画像解析が取り入れられています。

　　注意しておくことは、肌は常に変化していますので、どんなに肌を精密に測ろうと、測定時の肌を取り巻く環境を考慮しておくことや、被測定者の体調も考慮することです。どのような肌測定機器も、継続的に測定を続けて肌情報を蓄積することでスキンケアアドバイスに役立ちます。

　肌測定は、肌の研究のために行う場合と店頭などで接客ツールとして使う現場用の場合では、測定方法も測定データの取り扱いも違うものです。

　研究用に肌を観察したり何らかの効果を肌で検証しようとする場合には、体全体から肌までの状態をできる限り安定に保ちます。温度や湿度は当然ですが、エアコンなどの風当たりや精神的なストレス状態までコントロールして測定しています。測定データも統計処理に使うために、同じ測定条件で数回は繰り返し測定しデータを収集します。

　しかし日常の接客の場ではそこまでの環境をコントロールすることは困難ですし、測定も1回測定がほとんどです。それでも役立つデータを得るためには可能な限り測定環境の安定化を心がけます。継続的な観察記録があると、いつもの変化なのか、あるいは急激な変化なのかの判別に役立ちます。

測定機器の管理について

　肌測定機器は精密機械ですので、乱暴な取り扱いは測定器の感度を狂わせることがあります。特に店頭などの現場では、忙しいことや機器の置かれている環境の煩雑さで、思いがけず何かをぶつけたり、あるいは落としたりすることもあります。機器の置かれている下には滑り止めのシートを置くなりしてできる限りの予防をすると良いでしょう。
　定期的に機器の測定精度をチェックしたり、オーバーホールを専門業者に依頼することで、信頼できる測定結果がいつも得られるように管理することが重要です。

第2章　肌質について

第3章
美しい肌とは

　肌は体全体の一部です。しかし、体全体の表面を覆っている大きな組織です。だから美しい肌と言う場合に、果たして顔の肌が美しいだけで良いのでしょうか？

第3章 美しい肌とは

　肌は体全体で美しい魅力を発揮するためのキャンバスだと捉えると良いでしょう。しかし肌全体を見つめてみると、決して完璧ではありません。ほとんどの場合、あちこちに不満点を見つけ出すものです。その不満点を気にすれば気にするほど全体の健康で美しい魅力を感じられなくなるものです。だから美しい肌と言う場合は、顔や手など目立つ部位の肌を、現在のレベルで最も最適な条件に整えることが始まりだということです。そこからスタートすれば、少しずつ満足のいく美しい肌に近づき、範囲を広げていくことができるのではないでしょうか。

　またいつも隠れている目立たない部位の肌も美しく保つことも大事で、その心がけが体全体の肌を美しくすることにつながります。肌は体全体を覆っているし、連続している生体組織だからです。

1. 化粧品が美しい肌を作り、維持することとは

　化粧品を使うことで美しい魅力を発揮するということを絵画を描くことに例えるとわかりやすいものです。肌はキャンバスで、キャンバスの状態を整えキャンバスに絵の具で絵を描き、額縁に入れて絵画は完成となります。キャンバスの状態を整えるのがスキンケア、絵の具で絵を描くのがメイクアップ、額縁はヘアケアとヘアスタイリングとなります。キャンバスのタイプを知り最も適切に状態を整えることは、肌タイプを把握して化粧品やスキンケア方法を選ぶことと同じです。生きている肌というキャンバスを、毎日のスキンケアで健康で美しく保つことが若々しさを維持することの基本になります。

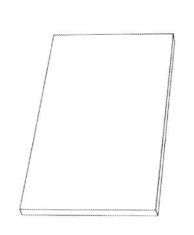

キャンバスは素肌

メイクアップはキャンバスに絵を描くこと

ヘアスタイリング、ファッションなどで絵は完成する

図3.1　化粧を絵画を描くことに例えてみる

第3章　美しい肌とは

2. 肌と体と脳

　肌は健康状態の鏡であるとはよく言われることですが、これは実際に自ら、あるいは身近な人からの体験から感じたことがあると思います。身体上の健康状態が悪いと、皮膚の血液循環や免疫システムの異常を引き起こし、皮膚へのトラブルや不健康に見える状態になることがあります。最近では心の健康状態も皮膚への関係があることが研究されていますが、複合的であるがために科学的な検証が難しい領域でもあります。ただ経験則としては、過度のストレスは肌トラブルを起こしやすいと言えます。ニキビが悪化し、症状も長引くことがよくあります。

　皮膚はセンサー機能もあるので、これは自律神経系に何らかの影響は与えるでしょう。また皮膚は免疫システムの発達している組織ですので、もし皮膚に何らかの炎症を起こせば、その炎症反応が身体の免役システムに連鎖的な影響を与えることもあり得ます。これらは皮膚から体内への働きかけですが、逆に身体および神経系からの皮膚への影響も生体反応として考えれば十分にあり得るのです。まだ明快な証明こそ乏しくても、科学理論的には十分な納得性がありますので、やはり心身が健康であることが美容の基盤のひとつであることには間違いないはずです。

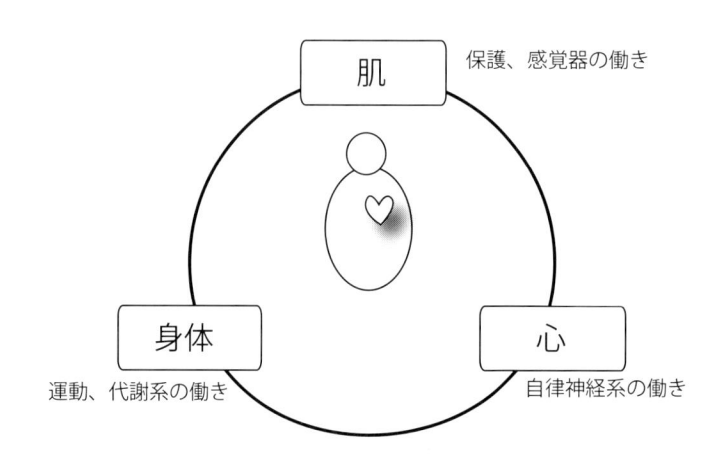

図 3.2　肌と身体と心の関係

3. 魅力的な肌、理想的な肌のイメージ、状態

　美しい肌の条件はホメオスタシスの項で説明しましたが、この条件を完璧に満たしている人は少ないと思われます。よく観察すると肌のどこかに微細な炎症をいくつかはもっているものです。私たちを取り巻く生活環境は常に刺激的で、肌はそれに耐え、修復しながら体を守っているのです。もし、理想的な肌を、一点の曇りもなく完璧に美しい肌条件を満たしている肌とすると、これはかなり無理があります。あくまでも理想的な肌を目指しながらも、肌がほぼ健康的で良い状態であることが多くなるような状態に持っていくことで良いのです。肌に限らず身体は良い時も悪い時もあり、多かれ少なかれ波のように揺れており、おおむね良ければ健康で美しいと考えて良いのです。

4. 肌欠点をどう考えるか？

　肌の美しさを損なう欠点が無い肌とは完璧に美しい肌の条件を満たしている肌ということになります。とすれば欠点の無い肌は現実的には少ないことになります。美容相談をしていて欠点を探して対策を考えるということは、多くの場合で成立することになります。果たしてこれで良いのでしょうか？

　基本的に美容相談を受ける立場に立つと、欠点を指摘されて始まるより、ほめられるような長所を指摘されて始まる方が気分が良いのは当たりまえでしょう。相談をする者としての立場では、より美しさを伸ばすために欠点や問題点を見つけ出し、そのための解決策を考えることは間違っていません。しかし、相談の入り口でいきなり欠点を指摘する必要はなく、相談時の気分的な流れを注意深く感じ取りながら、タイミング良く切り出すことと、解決策もできることから提案をしていくことが大事だと思います。

　肌の欠点は気になるものです、それがすべてをだめにしているわけでなく、もし、欠点が解消し始めれば、希望も期待も持てるものです。その希望や期待感をしっかりと相談の中で織り込むことが良いでしょう。

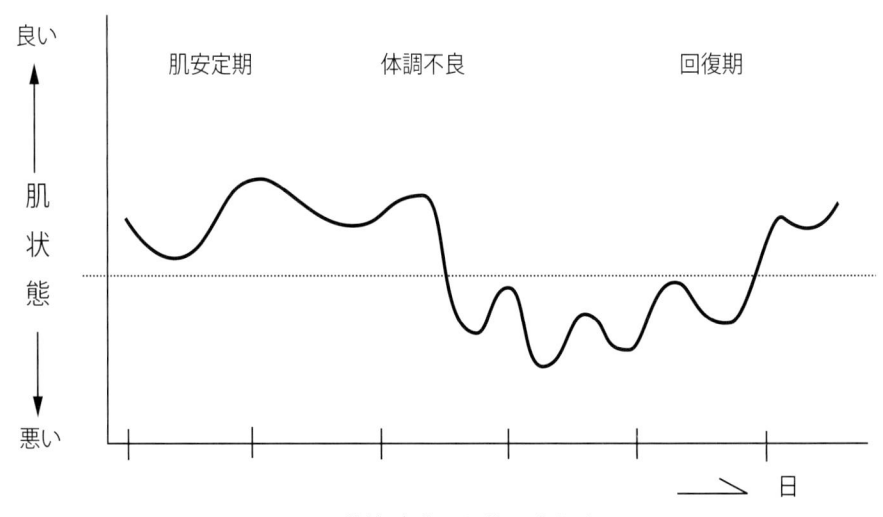

図3.3　肌状態は時間と共に変化する

第4章
美容アドバイスの心構え

　美容アドバイスの基本はアドバイスを受ける相手の立場を十分に理解することと、客観的に、しかも総合的な観点からの観察や情報からアドバイスの筋道を考え出すことです。そしてアドバイスの伝え方も相手に理解できる用語を使い、納得していることを確認しながら進めることです。

　美容アドバイスの記録も重要で、その後の経緯はアドバイザーとしての能力を高めるための体験値として大いに役立つものです。いや、役立てるものです。人間は記憶してもすぐに忘れる生き物です。記録をとるという便利な方法を活用しましょう。

1. 美容カウンセリングと心理カウンセリングとの相違性

　美容カウンセリングは健康な肌を保つスキンケアとメイクアップにより魅力的な容貌に整えるための相談やアドバイスとなります。美容に関係する心理カウンセリングは容貌や性格に関して自信が持てなかったり、満足していないことへの相談やアドバイスとなります。美容アドバイスは直接外見に変化が出て来るものですが、心理カウンセリングはものの見方や考え方に変化が現れるものであって、外見にはあまり変化が出てきません。ただ、安心や自信がつくことで表情に変化が現れてきますので、この点は美容のアドバイスにとって重要なところです。

　実際の現場では美容カウンセリングと心理カウンセリングをタイミング良く組み合わせて行うことが満足度の高い接客につながります。相手に強いプレッシャーを感じさせないようにして、心理カウンセリングを効果的に取り入れ、表情をていねいに観察し、良いところ、良くなったところを褒めるようなポジティブアドバイスが良いものと考えています。

第4章　美容アドバイスの心構え

---

column

たかが呼び名されど…

「先生」と呼ばれないようにしてみると相手へのプレッシャーは弱まります。「さん」と呼んでもらうようにしてみると、進んで話し出してもらえることも多くあります。

2. ヒヤリングのポイント

信頼を得る

　ヒヤリングのポイントはできる限り多くのことを言い出してもらえるように、信頼されて安心できる心理状況になってもらうことです。事情調書を取るような強引に行う誘導質問は、時に間違った情報を言わせます。困った時は、その状況を避難するために嘘をつく場合があるからです。具体的には、どのような生活をしているのか一日の行動を話してもらうことから始めると良いでしょう。相手の行動が頭の中でイメージできるようにするのです。その後で、肌環境と関係のありそうな場面について詳しく話してもうらうのです。使用している化粧品やお手入れ方法も同様に話してもらい、いつ頃から使っているのか、使い始めたきっかけや、使用しての感想もていねいに聴きます。メモを取る際には、気になった言葉を端的に書き取る程度が良く、大事なことは相手を優しく見ることです。

　重要なポイントはキーワードとしてメモすることも良いでしょう。このように得た情報から、美容に必要案情報を整理して、相談内容とリンクさせます。

3. 生きるアドバイスは経時変化を捉えること

継続することの大切さ

　肌は時間と共に変化し、生活環境とも関連しているものです。そのような情報を得るには経時変化を押さえることです。1年間の状況が聴けると良いのですが、少なくとも2〜3か月と季節の変わり目がどうだったかを聴くだけでもかなり美容アドバイスに活かせます。

　1回のカウンセリングより2回、3回と継続していくことが効果的なアドバイスになっていきます。アドバイスの結果もわかるので、次のアドバイスが的確になってきます。カウンセリングカルテも時系列で見やすいようなファイリングの方法が良いでしょう。簡単でもイラストやキーワードメモがはっきりと書かれていると瞬時に変化もわかるものです。

　特に個人的な事件は、美容において影響が大きく現れるものです。家族や友人の幸せな出来事、そして自分自身に起きた出来事について知ることができれば、後々になって役立つことが多々あります。でも強引に聞き出すことは避けなければなりません。

4. 自分の体験、知っている体験情報を整理し、使う

体験をアドバイスの中に活かす

　美容アドバイスは体験値が増えるほど的確度が高まるものです。それは相手の個性の数ほどバリエーションがあるのですが、やはり同じようなケーススタディが存在し、それらを分析したり分類整理しておくと、事例として参考にできて、納得度合いも実践度合いも高まるものです。意外と多いのが自分自身も体験したことのある事例が相手にも通用する場合があることです。自分の家族や友人の事例も種類別に整理しておけば即効的に使えるものです。自分や自分の知っている体験は相手にとって現実味のあるアドバイスとなり、やってみようと思うモチベーションを高めます。きっと自信がある伝え方になっているからでしょう。

　美容アドバイスも回数が増えればさまざまなタイプの事例がたまります。それをキーワードで分類整理しておくと役立つはずです。

5. 化粧と美容のわかりやすい例え話集

相手に伝えるテクニック＝例え話

　美容アドバイスで役立つ説明方法として身近で相手もよく知っている事象に例えて話すことです。私がよく使うのが、スキンケアとメイクアップの関係を絵画に例えて話すことです。特に肌タイプの話をする時に役立っています。絵画には油絵から水彩画、パステル画、壁画とさまざまな素材に描きますが、キャンバスに相当するものが肌とするのです。　絵画の場合はキャンバスの素材に対して適切な下塗りや絵の具があります。スキンケアも同じように肌タイプに合わせて肌を整え魅力的なメイクアップをするための絵の具を選ぶことに似ていると例えるのです。美しく魅力的な絵、つまりメイクアップを仕上げるために、肌というキャンバスのタイプを見分け、メイクアップがきれいにできる肌に整えるために、肌タイプに合った清潔、保湿、そして保護および活性化のためのケアをすることが大切であると説明するのです。この例え話では肌タイプを知ることと、それに合う化粧品を選ぶことを主要テーマに置いています。結果として美しいメイクを描けることが肌に合ったスキンケアができている証拠であると説明しています。

　特に化粧ののり具合との相関関係は高いものがあります。

6. 最新の美容情報とつきあう方法

幅広い情報源から取捨選択できる目を養う

　インターネットと口コミネットワークの発達で、現在の生活者は豊富な量の美容と健康に関する情報を持っています。しかしそれらの情報がどのくらいの正しい情報であるかどうかは判別できていないと思われます。著名な美容家や医師であっても化粧品のことや健康な皮膚についての知識がある人ばかりではないのが現実です。美容情報におけるメディアリテラシーがまだ不十分な市場において、美容の専門家を目指すなら、やはり3〜4種類の情報源をもつように心がけ、なおかつどれがもっともらしいか考えることが第一歩だと考えています。

　もうひとつ大事なことは、何らかの仮説を立てて実際に実験的な試みを行ったことがあれば、それはとっても重要な体験となるものです。そのような実験をしていなくても、自分自身の実体験や、家族、友人の体験談も大いに役立つものです。これらの体験的事象もひとつの情報として、幅広い情報源を考察することでメディアリテラシーを強めることが良い方法なのです。

7. 情報判断力の鍛え方

得た情報をもう一度見直すクセをつける

　具体的に情報判断力を鍛えるには情報源をしっかりと把握することです。その情報を誰がどのような根拠をもって裏付けされているのかどうかを可能な範囲で知ろうとする努力です。もし、情報源まで到達しなくても、どのように情報が伝わり続けたのか、いつ頃の情報源なのかわかるだけでも、情報に対する信頼度を計ることができます。情報の信頼度は決して情報源や伝達者の肩書きで決まるのではなく、その情報の周囲にある情報との整合性なのです。たとえ医師だとしても、健康な肌や化粧品を必ずしもよく知っているとは限りません。そのようなことを識別し、考察できる力が、すなわちメディアリテラシーだと思います。つまり情報判断力を鍛えると言うことは、メディアリテラシーを強化するということなのです。情報源を追求し、考え、現実の事象に整合性があるかどうか考え続けましょう。

　どんなに正しいと思われた情報であっても、新しい発見によって、あるいは検証により更新されることがあります。そういう意味でも、常に新しい情報に触れる機会を作ることが大事です。エステ関係の専門誌や化粧品のマーケティングや技術開発の専門誌にざっと目を通すことも良いのです。最近はインターネットでも専門誌からの情報が閲覧できますので、情報タイトルだけでも良いので継続して見ておくと良いでしょう。

　情報判断力を鍛えると言っても何が本当に正しいのか、なかなか確信の持てる正解は見つからないかも知れません。しかし、情報判断力とは常に情報を丸呑みするのではなく、絶えず一度は考えてみるという些細なことなのです。そうすることで、間違った情報による判断ミスや行動ミスを防ぐことが少なからずできるのです。

　常に考えるクセをつけることが真の美容の専門家への道だと思います。

第4章　美容アドバイスの心構え

メディアリテラシー【media literacy；情報を評価し、識別し、活用する能力】を鍛えるためには常に問題意識をもってメディアをチェックすることが大切です。

(例題) 次の事柄についていっしょに考えてみましょう。
1. ミネラル＝安全、鉱物＝毒　は正しいか
2. マイナスイオンは本当に存在するのか

Index

英字

PA ·· 45
SPF ··· 45

あ

安定化成分 ··· 67
インナードライ ··································· 111
美しい肌の条件 ···································· 22
エステティックの定義 ··························· vii
エモリエント ······································· 37
エモリエント成分 ································· 56

か

香り ··· 48
角層 ··· 13
角層柔軟成分 ······································ 63
顆粒層 ·· 13
感覚器官 ·· 19
乾性肌（ドライスキン）························· 94
汗腺 ··· 18
季節と肌タイプ ··································· 113
基底層 ·· 13
くすみ ··· 109
化粧品と法律 ······································ 86
化粧品の安全性 ··································· 82
化粧品の原料 ······································ 52
化粧品の保管方法 ································ 80
化粧品の役割 ······································ 27
小じわ ··· 107
混合肌（ミックススキン）····················· 100

さ

紫外線防御成分 ··································· 61
脂性肌（オイリースキン）······················ 98
シミ ··· 106
収斂 ··· 43
収斂成分 ·· 62
処方 ··· 74
真皮の仕組み ······································ 14
水分計 ··· 120
生理活性成分 ······································ 60
生理周期 ·· 112
セルフパッチテスト ······························ 85
洗浄 ··· 42
総合肌測定機器 ·································· 122
ソバカス ·· 107

た

ターンオーバー ······························· 12,13
たるみ ··· 108
着色成分 ·· 69
デオドラント ······································ 48

な

ニキビ ··· 109
日本エステティック振興協議会 ················ vii
日本標準産業分類 ································ vii
乳化成分 ·· 64
能書 ··· 79

は

肌荒れ……………………………… 108
肌荒れ改善成分………………………… 59
肌タイプチェックシート………………… 115
肌タイプの見分け方……………………… 114
肌の恒常性………………………………… 24
肌への働き………………………………… 32
美白………………………………………… 38
美白成分…………………………………… 58
表皮の仕組み……………………………… 12
敏感肌…………………………………… 102
普通肌（ノーマルスキン）……………… 96
ヘアケア…………………………………… 50
防腐・殺菌成分…………………………… 68
保護（肌荒れ防止）……………………… 41
保湿………………………………………… 34
保湿成分…………………………………… 54
ボディケア………………………………… 51

ま

マクロビューワー……………………… 120
メイクアップ……………………………… 47
メラノサイト……………………………… 13

や

薬事法……………………………………… 86
有棘層……………………………………… 13
油分計…………………………………… 119
溶媒成分…………………………………… 70

ら

ランゲルハンス細胞……………………… 13

Index

●著者プロフィール●

岡部　美代治（おかべ・みよじ）
1949年生まれ、山口県出身
1972年 山口大学文理学部理学科生物学専攻卒業
同年 ㈱コーセー入社、研究所配属
1984年 ㈱アルビオン本社、商品開発等所属
2008年 ㈱アルビオン退社
現在、美容業界にてコンサルタント事務所「ビューティサイエンスの庭」を主宰
〈著作〉
共著：『素肌美人になれる 正しいスキンケア事典』（高橋書店／2010）
『化粧品成分ガイド　第5版』（フレグランスジャーナル社／2009）
『化粧品成分ハンドブック—人気化粧品の配合成分142点を厳選!!』（池田書店／2001）
監修：『美肌手帳』（ワニブックス／2001）

表紙デザイン／中村徳男
本文イラスト／岡部美代治、岡部真依子

プロのための スキンケアアドバイスの基本

平成23年2月10日（2011）第1版第1刷	
著者	岡部 美代治
発行者	茂利 文夫
発行所	フレグランスジャーナル社
	〒102-0072 東京都千代田区飯田橋1-5-9 精文館ビル
	電話 03(3264)0125 Fax：03(3264)0148
	http://www.fragrance-j.co.jp
	振替口座 00150-6-169545

FRAGRANCE JOURNAL LTD.
Seibunkan Bldg.,1-5-9, Iidabashi, Chiyoda-ku,Tokyo 102-0072, Japan
ISBN978-4-89479-194-7
Printed in Japan Ⓒ 2011 Miyoji Okabe
印刷・製本 日本ハイコム株式会社
　　　　　乱丁、落丁はお取りかえいたします。

フレグランスジャーナル社の美容・エステティック関連書籍

アロマダーマトロジー

ジャネッタ・ベンスイラ、フィリッパ・バック著　前田久仁子訳　間山真美子監修　B5判　300頁　定価3,780円（本体3,600円）

さまざまな皮膚疾患に対するアロマセラピーのケア＆トリートメント

本書は、精油を皮膚疾患のケアおよびトリートメントに応用することに特化した、他に類をみないアロマセラピーの専門書です。皮膚の浸透性やバリア機能、精油の安全性、有効性、投与量などについて最新の研究および臨床データを引用しながら考察を行っています。アロマダーマトロジー（芳香皮膚科学）は、エビデンスに支えられた、統合的な補完・代替療法としてのアロマセラピーの一分野です。臨床の場で精油を用いるセラピスト（看護師・ケアワーカー）をはじめ、精油について深く学びたいと考えているアロマセラピストのための新しい指針となるでしょう。

美容のための 皮膚診断マニュアル

フローレンス・バレット-ヒル著　池野宏訳　B5変形判　224頁　定価4,830円（本体4,600円）

CIDESCO《日本支部》より試験対策のための参考図書として推薦されています！

顧客の肌タイプを正しく見極めるために、内因性の肌タイプを「乾燥型脂性肌」「持続的びまん性発赤肌」「脂性肌」の3つに分類し、そして、これら3つの基本の共通肌タイプの枠組みをはずれた変化をすべて「皮膚症状」と捉え、その皮膚症状をさらに「肌質」「色」「分泌」の診断特性に分類することで、症状を引き起こす原因と作用を考察しています。診断に役立つ豊富なカラー写真も多数掲載。皮膚診断、顧客管理に有効な診察／解析フォーム付。全頁カラー。

ベストエステティック実践ガイド

宇山侊男編著・監修　松本正毅・中野正好・山崎比紗子・浅井隆彦著　A5判　344頁　定価2,940円（本体2,800円）

お客様のニーズに応じたエステティックの正しい仕事の進め方と実務がマスターできる実践ガイドブック！

〈本書の特長〉●人間総合美容科学の視点から正しくエステティックが学べる。●エステティックをより深く正しく理解するための用語辞典としても活用できる。●各専門分野の権威者が実践ガイドを具体的にわかりやすく解説。●エステティシャンを目指す方、レベルアップを図りたいエステティシャン、さまざまな健康・美容関連のセラピスト、化粧品の美容部員 のための必携の書。

エステティック実践マニュアル 覚える技術／活かせる施術

松岡優子著　AB判　192頁　定価2,940円（本体2,800円）

「技術」はテクニックの習得まで、「施術」はその先にある技（わざ）です！

施術は、技術よりも意味合いが広く、お客さまからの評価につながる最高の武器です。本書では、施術に関わる理論的な側面として技術のセオリーを学び、カウンセリングに基づく5つの施術例を紹介します。また、エステ技術の習い方・教え方、実践的なサロンオペレーションのFOSなど、施術の関連事項についても詳述しています。

ビューティセラピストのためのアロマセラピー

バレリー・アン・ワーウッド著　大久保貴代美訳　B5変形判　194頁　定価2,625円（本体2,500円）

エステティックサロンでエッセンシャルオイルを使いたいと考えている方に！

本書では、エッセンシャルオイルの特性および現場での使用方法、各オイルの皮膚への美容効果を詳説しました。その他コンサルテーション法、施術法、サロン環境、製品販売、法律など、学術的・実践的なことからセラピストの心のあり方まで、サロンでエッセンシャルオイルを最大限に活用するための実用的なアドバイスやヒントが満載です。

フレグランスジャーナル社　〒102-0072 東京都千代田区飯田橋1-5-9 精文館ビル
TEL 03-3264-0125　FAX 03-3264-0148
http://www.fragrance-j.co.jp